공자의 논어 군자학

일러두기
● 논어 원문에서 발췌한 문장의 끝에 놓인 숫자는 논어의 장과 절에 해당함을 알려둔다.
예)「학이」1.1 →「학이」1장 1절

孔子

【군자 정치·군자 경영을 위하여】 이준희 지음

공자의 논어 군자학

어문학사

서문

    이 책은 오늘날 무한경쟁사회를 살아가는 현대인들에게 힘에 겨운 욕망과 체면, 겉치레 등을 내려놓고, 정신적인 자유와 평안을 되찾아가길 바라는 마음에서 쓴 글이다. 독자 여러분들께서 인생의 가치관을 재정립하여, 삶의 의미를 관조할 수 있기를 진정으로 바란다.

    오늘날에는 덕德을 생각하고 인의仁義를 중시하기보다는, 재테크에 골몰하고 골프를 즐기며 주점에서 단란하게 노닥거리는 것을 더 참된 삶인 양 호도하고 있다. 경제성장의 단맛에 심취하여 물질적인 만족만을 추구하다보니, 삶의 진정한 가치를 외면하고 살고 있다는 생각을 떨쳐버릴 수 없다. 만약에 지금 우리가 누리고 있는 물질적인 풍요가 70년대, 80년대 수준으로 감소된다면 정신적으로 아무런 무리 없이 받아들일 수 있을까라고 반문해 본다. 우리는 행복감이 줄어들지 않는 범위 안에서 굳건히 버텨내야 한다. 그렇게 버틸 수 있는 힘은 어디에서 나오는가? 종교적인 신앙에서 찾을 수 있을 것이다. 그리고 인문학적 소양으로 극복할 수 있다고 생각한다. 인문학적 소양은 어떻게 기르는가? 동양의 고전을 통해서 가능하다. 그 가운데서도 단연 『논어』를 들 수 있다. 『논어』 반 권으로 천하를 다스린다 하지 않았던가?

    얼마 전 모 유선방송의 TV 속의 흑백 영상에서 본 도산 안창호 선생의 모습이 눈에 선하다. "먼저 의義로운 사람이 되어야 합니다!"라고 연설하

시는 선생의 쟁쟁한 사자후獅子吼에서 필자는 느낄 수 있었다. 아! 이것이 바로 군자의 목소리구나! 의로운 분의 모습은 응당 저러해야 하거늘! 인간에 대한 존경심이 가슴 깊은 곳에서 저절로 솟구쳐 오름을 느꼈다.

　지금 우리의 모습은 어떠한가? 검찰청의 포토 라인에서, 국회 인사 청문회 석상에서 비루鄙陋하고 뻔뻔한 모습으로 자신을 속이고 세상을 속이는 불인不仁하고 불의不義한 사람들에게서 정의로운 사회, 행복한 세상이 느껴지는가? 비리에 연루된 동료 의원을 편들고 두둔하는 국회의원들, 대통령 선거 때만 되면 로또를 사는 사람들처럼 매번 경선에 출마하는 정치가들! 이제 우리도 미국처럼 한 번 대통령 경선에서 패배하면 더 이상 경선에 나올 수 없다는 명문 규정이 만들어져야 하지 않을까? 그리고 여론조사에서 3% 이상의 지지도가 없으면 대통령 경선에 나올 수 없다는 규정까지 만들어야 한다. 서푼어치의 존재감도 없으면서 대통령이 되겠다고 나서는 것은 국민에 대한 모독이다. 신문과 TV에서 해묵은 정치인들의 무능과 탐욕에 찌든 얼굴을 보는 것은 대한민국 국민으로서 자존심 상하는 일이다. 이러한 상황들은 왜 일어나는가? 바로 예의와 염치를 알고 인의仁義를 실천하는 군자의 덕德이 턱없이 부족하기 때문이다. 이제는 모두의 마음속에 잠들어 있는 군자의 덕을 일깨워야 할 시점이다.

　필자는 이 책에서 군자가 함축하고 있는 의미를 통하여 정치 지도자,

고위 관료, 경제인, CEO, 법조인, 언론인 등 우리 사회의 리더들이 군자의 덕을 함양하고 군자의 자질을 체득하여, 그야말로 '군자정치君子政治', '군자경영君子經營'을 통하여 인의예지仁義體智의 규범이 바로 서고, 법과 원칙이 제대로 작동하는 정의롭고 행복한 세상을 열어가기를 열망한다.

지난해 군자에 관한 논문을 쓰면서 군자란 학습을 통해서 어느 정도 성취될 수 있겠다는 생각이 늘었다. 그러던 차에 남회근 선생의 『논어강의』라는 책을 통해서 군자는 학문을 통해서 군자의 인격을 배양할 수 있다는 확신을 가지게 되었다. "학문으로 말하자면, 글자 한 자를 모르는 사람이라도 학문이 있을 수 있다. 즉 사람의 됨됨이가 훌륭하고 행위가 바른 것, 이것이 바로 학문이다. 학문은 인생 경험에서 우러나오는 것이며, 사람으로서 행동하고 일하는 과정에서 체험하는 것이다." 이 얼마나 멋진 말인가! 사서삼경을 줄줄 외워야 군자가 되는 줄 아는 사람들에게는 그야말로 신선한 충격이 아닐 수 없다.

군자란, 공자가 추구한 이상적인 인간상으로 인간이 이르고자 하는 가장 바람직한 상태나 경지를 의미한다. 이러한 군자는 보통 사람들이 학문과 수양을 통하여 도달할 수 있는 현실적인 인간형이다. 공자 이래 2500여 년간 군자는 줄곧 지사志士와 인인仁人들의 인격 수양에 있어서 중요한 목표가 되었다.

군자라는 말은 공자 이전의 『주역』에 19번, 『시경』에 184번, 『상서』에 4번 등장한다. 군자는 처음에는 귀족의 지위에 있는 자에 대한 명칭으로, 사士 이하의 서민庶民으로 해석되는 소인小人과는 대칭을 이룬다. 그 후에 군자는 점점 신분 지위상의 개념에서 도덕품성의 함양으로 변화하여 개인 품격의 높고 낮음을 대표하는 명사가 되었다. 공자에 이르러 군자라는 말이 일종의 이상적인 인격체로서 제시되었다. 공자는 군자라는 개념 자체를 달리하여 지배계급을 지칭하던 용어를 인격자라는 의미로 전환시킴으로써 배움을 닦는 모든 이는 군자가 될 수 있다는 혁신적인 인간론을 주장하였다. 『논어』 전편에서 군자라는 말은 모두 86곳에 걸쳐 107차례 나타난다. 이 가운데 격언 등을 인용하여 사회적 신분을 나타낸 9차례의 예외적인 사례를 제외하면, 거의 대부분이 도덕적 인격을 가리키고 있다. 이때 인격人格의 한자적 의미는 사람으로서 품격이나 자격을 나타내는 말이며, 그래서 윤리적 맥락에서 도덕적 인격은 특별히 '덕德'을 행하는 '사람다움'을 뜻하기도 한다. 달리 말하자면 『논어』는 결국 군자가 되기 위한 학문이라고도 말할 수 있다. 이 책은 『논어』 중에서 군자를 테마로 하는 86개의 문장을 선별하여 군자가 되기 위한 필요충분 조건들을 "배우고 때로 익히면 또한 기쁘지 않겠는가!(學而時習之, 不亦說乎)"라는 마음으로 탐구하고 학습하게 하고자 엮었다. 그리하여 서명을『공자의 논어 군자학』이라 명명하였다.

유교의 이상적 인간상은 궁극적으로는 성인聖人이다. 공자는 성인을 최고의 이상적 인간상으로 꼽고 있지만, 실제로『논어』중에 성인의 용례는 몇 차례 나오지 않는다. 성인이란 단어는 겨우 4회에 불과한 반면에, 군자란 개념은 총 107번 등장한다. 물론 여기에서 요순堯舜이나 문왕文王, 주공周公 등을 일컫는 내용까지를 성인의 범주에 넣어서 헤아려 볼 수 있지만, 그래도 군자라는 단어가 훨씬 빈번하게 사용되고 있다. 군자라는 인격은 지고무상한 성인에 비해 한 단계 낮다고 말할 수 있다.

군자는 성인보다 못하지만, 소인과는 반대되는 인격체이다. 군자는 덕성과 학식을 갖춘 유가의 현실적인 인간상이다. 공자가 궁극적 목표로 삼은 것은 성인이지만, 실제로 제자들에게 가르친 것은 군자의 인격이었다. 군자는 학문을 통해 학식을 쌓고 자신의 덕성과 인격을 도야한다.

군자와 소인은 상반되는 개념이다. 인격이 높으면 군자이고 인격이 낮으면 소인이라는 개념은 공자로부터 시작된 개념이다. 소인의 본래적인 함의는 귀족 사회 밖에 있는 무리들, 이른바 서인庶人을 가리켰다.『논어』에는 그것과 비슷한 말로 민民, 중衆, 백성百姓 등이 있는데, 대부분 군주 혹은 기타 위정자들과 상대되며 폄하하는 뜻은 별로 없다. 반면 소인은 폄하

하는 의미가 있어 도덕적으로 부정적인 개념을 연상시킨다.

　공자는 군자에 대해 존경의 감정이 충만하고, 소인에 대해서는 크게 질책하고 혐오하는 태도를 드러낸다. 『논어』에서 군자가 107번 나온 데 비하여 소인은 24번 나타나는데, 그 가운데 군자와 대비되어 쓰인 것이 18번이다. 아울러 제자들에 대해서도 군자가 되기를 은근하면서도 두터운 기대를 버리지 않았다. 이것은 공자의 이상적인 인격에 대한 간절한 염원을 나타낸 것이다.

　필자는 독자들이 이 책을 통하여 이 시대 리더들의 '사람 됨됨이'와 리더로서의 자질을 품평해 보고, 아울러 스스로를 성찰하고 평가해 보는 기회를 제공하고자 한다.

　이 책을 읽기 전에 군자와 소인의 비교 품평 설문지에 자가진단을 해보기를 바란다. 그리고 이 책을 다 읽고 난 후에, 다시 한 번 더 자가진단을 해보기를 권한다.

군자와 소인의 비교 품평 설문지 – 자가진단표 〔읽기 전〕

	내용	군자	소인
1	군자는 단결하되 결탁하지 않고, 소인은 결탁하되 단결하지 못한다. 「위정」2.14		
2	군자는 덕을 생각하나 소인은 땅(토지 같은 재부)을 생각한다. 군자는 법을 생각하나 소인은 혜택만을 생각한다. 「이인」4.11		
3	군자는 의리에 밝고, 소인은 이익에 밝다. 「이인」4.16		
4	너는 군자다운 선비가 되어야지, 소인적인 선비가 되어서는 아니 된다. 「옹야」6.13		
5	군자의 마음은 평탄하고 너그러우며, 소인의 마음은 항상 근심이 가득하다. 「술이」7.37		
6	군자는 남의 좋은 일은 이루게 하고, 남의 나쁜 일은 이루지 못하게 한다. 소인은 이와 반대이다. 「안연」12.16		
7	군자의 덕은 바람이요, 소인의 덕은 풀입니다. 풀에 바람이 불면, 풀은 반드시 바람을 따르게 마련입니다. 「안연」12.19		
8	군자는 화합하되 뇌동하지 않고, 소인은 뇌동하되 화합하지 않는다. 「자로」13.23		
9	군자는 섬기기는 쉬우나 기쁘게 하기는 어렵다! 기쁘게 하는데 정도로써 하지 않으면 기뻐하지 않는다. 군자는 사람을 부릴 때 그릇에 맞게 쓴다. 소인은 섬기기는 어려우나 기쁘게 하기는 쉽다. 기쁘게 하는데 비록 정도로써 하지 않아도 기뻐한다. 소인은 사람을 부릴 때 모든 것을 다 갖추고 있기를 바란다. 「자로」13.25		

	내용	군자	소인
10	군자는 태연하나 교만하지 않고, 소인은 교만하나 태연하지 않다. 「자로」13.26		
11	군자로서 인하지 못한 사람은 있을 수 있지만, 소인으로서 인한 사람은 없다. 「헌문」14.6		
12	군자는 위로 통달하고(이성에 따르고), 소인은 아래로 통달한다(현실에 따른다). 「헌문」14.23		
13	군자는 궁함을 견딜 수 있지만, 소인은 궁해지면 함부로 행동한다. 「위영공」15.2		
14	군자는 자신에게서 구하고, 소인은 남에게서 구한다. 「위영공」15.21		
15	군자는 작은 일은 몰라도 큰일은 맡을 수 있고, 소인은 큰일은 맡을 수 없어도 작은 일은 잘 안다. 「위영공」15.34		
16	군자가 두려워할 일이 셋 있으니, 천명을 두려워해야 하고, 대인을 두려워해야 하고, 성인의 말씀을 두려워해야 한다. 소인은 천명을 알지 못하기 때문에 두려워하지 않고, 대인을 대수롭지 않게 여기며, 성인의 말씀을 업신여긴다. 「계씨」16.8		
17	군자가 도를 배우면 사람들을 사랑하게 되고, 소인이 도를 배우면 부리기 쉽다. 「양화」17.4		
18	군자가 용기만 있고 의로움이 없으면 난동을 부리고, 소인이 용기만 있고 의로움이 없으면 도둑질을 한다. 「양화」17.23		
	계		

* 메일을 통한 통계조사를 실시하오니 독자 여러분들의 [읽기 전]과 [읽은 후]의 변화된 결과를 회신 부탁드립니다. 〔tianxia38@hanmail.net〕

차례 【주요 강의에는 굵게 표시되어 있음】

군자는 남이 알아주지 않아도 원망하지 않는다

공자께서 말씀하셨다.

"배우고 때로 익히면 또한 기쁘지 않겠는가? 벗이 멀리서 찾아오면 또한 즐겁지 않겠는가? 사람들이 알아주지 않아도 원망하지 않으면 어찌 군자가 아니겠는가?"

—「학이」1.1

子曰 : 學而時習之, 不亦說乎? 有朋自遠方來, 不亦樂乎? 人不知而不慍, 不亦君子乎?
자왈 학이시습지 불역열호 유붕자원방래 불역락호 인부지이불온 불역군자호

자해(字解)

① 자왈子曰 : '자子'는 일반적으로 고대 남자에 대한 통칭이며 미칭美稱이다. 논어 중에서 '자왈子曰'의 '자子'는 모두 공자의 제자들이 공자를 존칭한 것으로, '자왈子曰'은 '선생님께서 말씀하셨다'는 뜻이다.

② 학學 : 본받다, 모방하다. 후세 사람들이 선각자를 본받는 것을 일러 '학學'이라 한다.

③ 시습時習 : '시時'는 때때로, 때맞추다, 적절한 때에. '습習'은 익히다, 연습하다.

④ 열說 : 즐겁다. 음과 뜻이 '열悅'과 같음.

⑤ 붕朋 : 벗. 여기에서 '붕朋'은 의기가 투합하고 지향하는 바가 같은 자를 말한다.

⑥ 지知 : 알다, 이해하다.

⑦ 온慍 : 원망하다.

⑧ 군자君子 : 논어에서 '군자'라는 말은 지위가 있는 사람을 지칭하기도 하고, 덕德이 있고 수양이 깊은 사람을 지칭하기도 한다. 여기에서는 후자를 가리킨다.

이 단락은 논어의 제일편 제일장에 나오는 것으로 특별한 의미가 함축되어 있다. 사상가인 동시에 교육가이자 학자인 공자가 학습에 대하여 특별히 중시하고 강조한 말이다. 여기에는 세 가지 의미를 내포하고 있다.

제일구 "배우고 때로 익히면 또한 기쁘지 않겠는가?(學而時習之, 不亦說乎)"는 '배우고 익히는' 것의 중요성을 강조한 말이다. 공자는 일생을 교육에 종사하면서 시종 '학學'과 '습習'의 결합을 강조했는데, 이것이 바로 학습이다. 공자는 예의禮·음악樂·서예書·활쏘기射·산법數·마차 몰기御의 육예六藝로써 제자들을 교육했으며, 이러한 지식들은 모두 부단한 실습과 연습을 필요로 하는 것이다.

'시時'에는 세 가지의 의미가 있다. 첫째, 나이를 가리킨다. 옛사람은 6세에 글자를 익히기 시작하고, 7~8세에 일상의 간단한 예의를 배우며, 10세에 계산을 익히고, 13세에 시가詩歌와 무도舞蹈를 배우는데, 이때의 나이를 '시時'라 한다. 배움에는 때가 있다는 의미이다. 둘째는 옛사람들은 봄과 여름에는 시와 음악을, 가을과 겨울에는 서경書經과 예의禮儀와 사냥을 배운다. 이것은 계절의 '시時'이다. 셋째는 아침과 저녁을 가리킨다. 복습하고 정진하며 노닐고 휴식하는 것을 '시時'에 따라 행한다. '습習'은 일반적으로 '복습하다'로 해석하지만 공자가 말한 육예 중의 예禮·악樂·사射·어御는 특히 연습이 없이는 불가능하다. 고로 '시습時習'은 '시간에 맞추어 연습하다'로 해석된다.

사람들은 보통 '독서가 곧 학문'이라 생각하는데, 유가 사상에서 학문은 단순히 독서가 아니다. 학문에 대한 설명이 「학이」편에 분명하게 설명

되어 있다. 학문은 결코 독서나 글쓰기가 아니며, 문장이 좋다는 것은 그 사람의 글솜씨가 좋다는 것이요, 지식이 깊고 해박하다는 것은 그 사람의 지식이 풍부하다는 것을 말할 뿐이다. 학문으로 말하자면, 글자 한 자를 모르는 사람이라도 학문이 있을 수 있다. 즉 사람의 됨됨이가 훌륭하고 행위가 바른 것, 이것이 바로 학문이다. 학문은 문자도 지식도 아니다. 학문은 인생 경험에서 우러나오는 것이며, 사람으로서 행동하고 일하는 과정에서 체험하는 것이다. 학문을 닦는다는 것은 책을 읽는 것에 그치지 않고, 언제 어디서나 생활하는 가운데 마주치는 모든 것이 책이자 교육인 것이다. 「이인」편에 "남의 잘못을 보고 돌이켜 반성하여 인을 알아야 한다(觀過而知仁)"고 말하고 있는데, 남이 잘못하는 것을 보고, 그런 잘못을 범하지 않겠다고 스스로 반성하는 것, 이것이 바로 '학문'이다.

제이구 "벗이 멀리서 찾아오면 또한 즐겁지 않겠는가?(有朋自遠方來, 不亦樂乎)"는 공자가 제자들과 즐겁게 교류하는 것에 대한 표현이다. 당시에 공자가 학낭을 열어 제자들에게 자기의 지식을 선수했으며, 사방에서 가르침을 청하러 공자를 찾아왔다. 공자는 이들을 흔쾌히 제자로 받아들였으며 그들과 동문의 정을 만끽하면서 무한한 기쁨을 표현한 것이다. 이 말은 중국에서 외국 손님들을 접대하는 자리에서 자주 쓰는 말이기도 하다.

학문을 한다 해도 일생토록 이해해 줄 사람이 없을 수도 있겠지만, 학문이 있는 한 자연히 지기知己는 있게 마련이다. "벗이 먼 곳에서 찾아온다."의 '원遠'자는 꼭 공간상 거리가 멀다는 뜻은 아니며, 지기知己를 얻기가 그만큼 어렵다는 것을 형용한 말이다. "인생에서 지기를 한 사람이라도 얻으면 죽어도 여한이 없다."는 옛 말이 있다. 아무리 호의호식하며 떵떵거려도 진정한 지기知己 한 사람 얻기가 어렵다. 역사 속에서 관포지교管鮑之交나 백아伯牙와 종자기鍾子期와의 고사에서 유래된 지음知音은 지기와 같은 뜻으로 쓰인다.

　제삼구 "사람들이 알아주지 않아도 원망하지 않으면 어찌 군자가 아니 겠는가?(人不知而不慍, 不亦君子乎)" 공자는 당시에 비록 학문적으로 걸출한 성취를 이루었지만, 사회 여론과 위정자들의 인정을 받지 못하여 그의 재능은 아깝게도 매몰되었다. 이렇듯 자신에 아주 불리한 상황에서도 공자는 조금도 원망하는 마음을 나타내지 않고, 도덕군자로서 자신을 채찍질했다. 이는 공자가 허명虛名을 탐하지 않고 실질을 추구하는 정신을 갖춘 사람임을 표현한 것이다. 「학이」편 마지막 장에 "남이 자신을 알아주지 않는 것을 걱정하지 말고, 내가 남을 알지 못함을 걱정하라.(不患人之不己知, 患不知人也)"는 말이 있는데, 그 의미하는 바가 같다. 명예를 탐하는 것은 사람들의 공통된 욕망이다. 스스로 약간의 재주가 있으면 곧 남이 알고 칭찬해 주기를 바란다. 동서고금을 막론하고 모두 다 그러하다. 공자가 이 말을 한 뜻은, 내게 재능이 있는데 설사 남이 알아주지 않더라도 대수로운 것이 못된다는 것이다. 아울러 비록 남이 나를 이해해 주지 않는다 하더라도, 내가 남을 이해하지 못하면 안 된다. 누군가가 재능과 인품이 훌륭하다면 내가 마땅히 그를 존중하고 가르침을 청해야 하는 것이다. 나쁜 사람에 대해서도 역시 알지 못하면 안 된다. 그 사람이 나쁜 사람임을 알아야만, 그를 멀리하거나 조심할 수가 있는 것이다. 특히 '원망하지 않는다'라는 말 속에는 아주 깊은 뜻이 내포되어 있다. 어떤 사람이 천일 동안 하루도 거르지 않고 매일 자신을 성찰하며 기도를 하고 난 후의 심득心得을 말했는데, 원망하는 마음이 사라졌다고 한다. 사람이 진정으로 학문을 하게 되면 스스로 자기의 학문과 수양, 행위 방식 등 갖가지 문제를 반성하게 되고, 마음속에 결코 하늘을 원망하거나 남을 탓하는 생각을 담아 두지 않게 된다. 이러한 마음가짐이라야 진정한 군자라 할 수 있다.

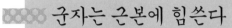

君子學 2講

군자는 근본에 힘쓴다

유자가 말했다.

"그 사람됨이 부모에게 효도하고 형제자매간에 우애하면서 윗사람을 범하기 좋아하는 사람은 드물다. 윗사람을 범하기 좋아하지 않으면서 난동을 일으키기 좋아하는 사람은 아직 없었다. 군자는 근본에 힘써야 하니, 근본이 서야만 학문의 길이 생겨난다. 효도와 우애는 인을 실천하는 근본이다."

—「학이」1.2

有子曰 : 其爲人也孝悌, 而好犯上者, 鮮矣. 不好犯上, 而好作亂者, 未之有也.
유자왈 기위인야효제 이호범상자 선의 불호범상 이호작란자 미지유야

君子務本, 本立而道生. 孝悌也者, 其爲仁之本與?
군자무본 본립이도생 효제야자 기위인지본여

자해(字解)

① 효제孝弟 : '효孝'는 효도하다. '제弟'는 '제悌'와 같은 자, 공경한다는 뜻으로 윗사람에 대한 도리이다.
② 범犯 : 범하다, 거스르다, 거역하다.
③ 선鮮 : 적다, 드물다.

④ 란亂 : 난리, 폭동, 반란.

⑤ 미지유야未之有也 : 있지 않다, 없다.

⑥ 여與 : 여歟와 통용, '그럴까' 라는 의문의 어조사.

이 장은 효에 대해 논했다. 효제孝悌는 인애仁愛의 기초이며, 사람 된 도리의 근본이다. 세상의 모든 도덕은 모두 이 근본에서 출발한다. 예로부터 전해 내려온 우리 사회의 윤리 도덕의 핵심이 바로 효이다. 효란, 우선 부모에게 효도하고 공경하는 것이다. 부모는 자녀를 조건 없이 사랑한다. 이는 숭고하며 완전한 자연스러운 사랑이다. 반대로, 자녀가 부모에 대해 효도를 다하는 것 또한 아주 자연스러운 일이며, 사람으로서 가장 기본적인 도덕이다. 이는 또한 공자의 이상인 인仁의 근본이기도 하다.

효란 부모는 자애롭고 자식은 효성스럽다(父慈子孝)는 것으로 상대적이다. 어버이가 자식에게 자애를 베풀면, 자식은 돌이켜 부모를 사랑하는 것이 바로 효이다. 형은 우애하고 동생은 공경한다(兄友弟恭)는 것도, 형이 동생에게 잘해 주면 동생은 자연히 형을 사랑하게 된다는 뜻이다. 유자有子는 여기에서 "어떤 사람에게 학문이 있는지 없는지를 알려면, 그 사람이 부모에게 효를 다하는지, 형제·자매·친구에게 우애友愛로운지를 보면 된다."고 강조하고 있다.

공자는 「학이」편에서 "젊은이들은 집에 들어와서는 부모에게 효도하고, 밖에 나가서는 모든 이들에게 우애하라.(弟子入則孝, 出則弟)"고 다시 강조했다. 집 밖으로 나서면 친구와 일반인들에게 우애할 수 있고, 나아가 나라를 사랑하고 천하를 사랑하는 데까지 확대될 수 있는데, 이것이 바로 '제悌'의 뜻이다.

유자有子[1]는 "어떤 사람이 참된 성정性情을 지니고 있다면, 윗사람을 범해서 난을 일으키지 않을 것이다. 윗사람을 범하기를 좋아하지 않으면서 난을 일으키기를 좋아하는 것은 불가능하다. 왜냐하면 그런 사람은 분별력과 자제력이 있기 때문이다"라고 말한다.

"군자는 근본에 힘쓴다." 이를 위해서는 학문의 근본이 무엇인지를 알아야 한다. 문학에 능하거나 지식이 해박한 것은 지엽적인 것이다. 학문의 길은 사람됨이라는 근본 위에 인생을 세우고 본심을 수양하는 데 있다. 그래서 "근본이 서야 학문의 길이 생겨난다."라고 한 것이다. 이러한 학문의 근본은 효제孝悌를 배양하는 데 있다. 이 효제는 인성의 빛나는 사랑, 즉 지극한 사랑, 지극한 정을 배양하라는 것이다. 이것이 곧 "효도와 우애는 인을 실천하는 근본"인 바, 효도와 우애가 인을 실천하는 출발점인 동시에 학문을 하는 최고의 목적이라는 것이다.

---

1) 공자의 제자인 유약有若이며, 증삼曾參과 함께 논어를 편찬했다고 알려진다. 그 이유는 증삼과 유약만이 논어에서 '자子'로 호칭되기 때문이다. 『사기史記』에는 유약이 공자보다 43세 연하이고, 공자가 죽었을 때 30세였다고 기록되어 있다. 공자가 죽은 후에 유약의 언행이 공자와 흡사해서 자하子夏·자장子張·자유子有 등의 제자들에 의해 공자의 자리에 앉혀지고, 스승으로 모셔졌다고도 한다.

군자는 자중하지 않으면 위엄이 없다

공자께서 말씀하셨다.

"군자는 자중하지 않으면 위엄이 없고, 학문도 견고하지 않게 된다. 충실함과 신의를 위주로 하고, 자기보다 못한 벗은 없으니 잘못이 있으면 고치기를 꺼려하지 말아야 한다."

—「학이」1.8

子曰 : 君子不重則不威, 學則不固, 主忠信, 無友不如己者, 過則勿憚改.

자왈 군자부중즉불위 학즉불고 주충신 무우불여기자 과즉물탄개

자해(字解)

① 중重 : 성질·언행이 가볍지 않고 무겁다.
② 위威 : 위엄, 권위, 존엄.
③ 고固 : 굳다, 견고하다.
④ 무無 : 없다.
⑤ 물勿 : '~하지 말라'는 뜻의 금지사.
⑥ 탄개憚改 : '탄憚'은 꺼리다, 두려워하다. '탄개憚改'는 고치기를 꺼려하다.

군자의 자아 수양의 방법에 대하여 세 가지 측면을 강조했다.

첫째, 자기에 대해 존엄성을 가져야 한다. 중重은 장중하다는 뜻으로, 자존自尊과 자중自重을 의미한다. 자존은 자기의 인격을 스스로 존중한다는 뜻으로, 자기 존엄을 유지하는 일종의 도덕적인 정감이다. 군자가 되기 위해서는 반드시 자중해야 하며, 자존심과 자신감이 있어야만 비로소 위신을 세울 수 있고, 학습을 견고히 할 수 있다.

남회근 선생의 주장에 따르면, "군자는 자중하지 않으면 위엄이 없다."는 말은 자신에 대한 믿음이 없어서는 안 된다는 뜻이다. "위기를 보면 목숨까지 던져야 할(見危授命)" 경우에 부딪치게 되면 신념을 잃고 심리적으로 몹시 공허해질 수 있다. 이럴 때야말로 진정한 학문이 필요하다. 사람이 자신감이 없고, 자기 자신을 중시하지 않아 자존심이 없으면, 그 위에 쌓은 학문은 튼튼하지 않아서, 그 많은 지식도 아무런 소용이 없는 법이다. 그러므로 우리는 자기의 인격과 자기 자신에 대한 믿음을 굳건하게 지켜야 한다.

둘째, 남을 존중해야 한다. '주충신(主忠信)'이란, 사람과 사물에 대할 때는 충성과 신의를 근본으로 해야 한다는 말이다. 성실하고 거짓이 없어야 다른 사람의 신뢰와 존중을 받는다.

TV에 방송된 현대중공업 그룹 광고 「젊음이 젊음에게 길을 묻다」편에 "회장님 저 취업 준비 진짜 열심히 했거든요. 토플, 토익, 자격증 등등, 저 좀 뽑아주시면 안 돼요?"라는 여대생의 질문에, "어느 회사든지 그 학생의 학식보다는 성품을 볼 겁니다. 평소에 성실한 생각을 가지고 사는 학생은 다 취직이 될 것으로 이렇게 저는 보고 있습니다."라는 고 정주영 명예회장의 말씀은 '주충신(主忠信)'의 참뜻을 그대로 일깨워준 것이다. '평소에 성실한 생각으로 사는' 이것이 바로 학문이다.

셋째, 다른 사람의 장점을 배워 자기의 결점과 잘못을 고쳐야 한다. '무우불여기자(無友不如己者)'는 "자기만 못한 사람과 벗하지 말라는 뜻"이 아니라, "자기보다 못한 벗은 없다"는 말이다. 어떤 사람도 얕보지 말라, 어떤 사람도 자기보다 못하다고 생각하지 말라는 뜻이다. 당신의 친구가 당신보다 못하다고 생각해서는 안 된다는 말이다. 앞 구절은 '자중하라'는 뜻이고, 뒷 구절은 '남을 존중하라'는 말이다. 친구들 사이에는 서로 장점과 단점을 지니며, 그 가운데 장점을 골라 따르고, 단점을 고치는 것이 바로 '과즉물탄개(過則勿憚改)'이다. 다른 사람의 장점을 발견할 줄 알아야 하고, 자기의 결점을 발견했을 때는 고치기를 두려워하지 말아야 하는 것, 이것이 바로 진정한 학문인 것이다.

사람과의 교류를 함에 있어서 자기보다 훌륭한 사람과만 친구를 할 수는 없다. 이에 대해 남송南宋의 등린滕璘은 상중하의 세단계로 구분했다. "상上은, 나의 스승이요, 하下는 좋은 사람이면 내가 가르칠 것이요, 중中은 자기보다 뛰어나면 친구할 것이요, 자기에 미치지 못하면 거절하지는 않지만 가까이는 않을 것이다. 만약 심성이 바르지 않고 아첨을 일삼는 사람이라면 거절하는 것이 좋다." 세 가지 상황으로 구분한 등린의 방법은 비교적 객관적이라 할 수 있다.

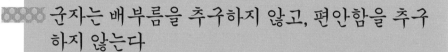

군자는 배부름을 추구하지 않고, 편안함을 추구하지 않는다

공자께서 말씀하셨다.

"군자는 음식을 먹음에 배부름을 구하지 아니하고, 거처함에 있어서 편안함을 구하지 아니한다. 일에는 민첩하고 말에는 신중하며, 학덕이 풍부한 이를 가까이하여 자신을 바로잡으면 학문을 좋아한다고 할 만하다."

—「학이」1.14

子曰 : 君子食無求飽, 居無求安, 敏於事而愼於言, 就有道而正焉, 可謂好學也已.
자왈 군자식무구포 거무구안 민어사이신어언 취유도이정언 가위호학야이

자해(字解)

① 포飽 : 배부름, 만족. 여기서는 미식美食을 뜻한다.
② 안安 : 안일함. 여기서는 화려한 집을 의미한다.
③ 민어사敏於事 : '민敏'은 민첩하다. '사事'는 세속의 일상적인 일올 의미한다.
④ 취유도就有道 : '취就'는 친하다, 가까이하다. '유도有道'는 학덕이 풍부한 사람.
⑤ 야이也已 : 단정의 조사로서 '단지 그것뿐, ~일 따름이다'의 어감을 가진다.

공자는 현실 생활에서 인간의 됨됨이를 대단히 중요시했다. 학문하는 목적은 그저 글이나 읽는 데 있는 것이 아니라, 현실의 삶 속에서 바른 사람으로 처세하기 위한 것이다. 공자는 학문하는 사람의 생활이 너무 사치스러워서는 안 된다고 말한다. "먹는데 배부름을 구하지 아니한다"는 말과, "거처함에 있어서 편안함을 구하지 아니 한다"는 말은 특히 일상생활 가운데서 지나친 만족을 바라지 말 것이며, 안빈낙도安貧樂道 하고 과분한 욕심은 자제해야 한다는 뜻이다. 공자가 제자들을 교육함에 있어서 물질 생활의 만족을 추구하지 말고 정신의 승화를 중시해야 함을 말한 것이다.

"일에는 민첩하고 말에는 신중하라"는 말은 맡은 바 책임이나 업무는 민첩하게 처리해야 하고, 말은 함부로 하지 말고 신중히 하라는 뜻이다.

"학덕이 풍부한 이를 가까이하여 자신을 바로잡는다"에서 도道는 학문수양을 말한다. 그럼 '유도有道'란, 여기에는 두 가지 뜻이 있다. 첫째는 '도道가 있는 사람', 즉 학덕이 풍부한 사람을 의미한다. 둘째는 도道가 있는 곳을 의미한다. 이는 남회근 선생의 주장인데, '유도有道'를 도가 있는 곳이라 해석하여 '옛 성현들의 책'이라는 것이다. 옛 성현들의 책에 도道가 있으므로, 책을 읽고 거기에 비추어 자신을 바로잡으라는 것이다. 이렇게 해야 학문을 좋아한다고 말할 수 있다는 것이다. "학덕이 풍부한 사람을 가까이 하여 자신을 바로잡는다"는 뜻으로 봐서는 전자가, 문장의 흐름으로 보아서는 후자가 자연스럽다고 할 수 있다.

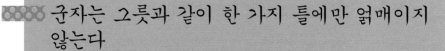

君子學 5講

군자는 그릇과 같이 한 가지 틀에만 얽매이지 않는다

공자께서 말씀하셨다.

"군자는 그릇과 같은 것이 아니다."

―「위정」2.12

子曰 : 君子不器.
자왈 군자불기

자해(字解)

① 불기不器 : 기器는 그릇, 즉 용기容器. 군자는 한 가지 쓰임에만 쓰이는 그릇과 같아서는 안 된다는 뜻이다.

　　이 장은 군자의 덕을 밝힌 것이다. 그릇이란 각기 용도가 있으며 서로 통용하여 사용할 수 없다. '불기不器'는 일예―藝·일기―技의 재주만을 부리는 기능공처럼 되어서는 안 된다는 뜻이다. 현대는 직업이 세분화되고 전문화되어 한 분야의 전문가가 각광을 받는 시대이지만, 전체를 통찰하는 큰 그릇의 인재를 절실히 필요로 하는 시대이기도 하다.

정치를 함에 있어서 다재다능한 인재를 필요로 하는데, 그러한 인재는 여러 가지 방면의 다양한 경험을 통해서 사물을 통찰하는 식견識見을 지녀야 한다. '불기不器'는 곧 위정자란 어떤 특정형의 사람이 아닌, 동서고금에 무소불통한 사람이어야 한다는 것을 비유로 말한 것이다. 군자가 한 가지 용도에만 쓰이는 그릇과 같이 되어서는 안 된다. 학문을 통한 수양과 성찰로써 진정한 인재가 될 수 있지만, 그렇지 않을 경우엔 특정 분야의 기술자나 전문가가 될 뿐이다. 군자는 그릇과 같이 한 가지 틀에만 얽매이지 말 것이며, 다양성을 갖추어야 한다는 뜻이다.

또한, 군자는 그릇처럼 일정 용량에 국한되어서는 안 된다는 의미로 해석할 수도 있다. 시대는 계속 발전하여 '기가바이트GB'의 용량을 요구하는데, 아직까지 '메가바이트MB'에 머물러서는 시대 상황에 적응하여 시대를 리드할 수 없는 것이다. 군자는 학문과 수양을 통해서 이해의 폭을 키우고, 능력을 키우며, 도량度量을 키울 수 있는 것이다. 그래서 군자는 한정된 용량에 머물러서는 안 됨을 경계한 말이다.

君子學 6講

군자는 말보다 실천이다

자공[2]이 군자에 대해서 물었다. 공자께서 말씀하셨다.

"먼저 그 말을 행하고, 후에 말을 한다."

―「위정」2.13

子貢問君子, 子曰 : 先行其言, 而後從之.
자공문군자 자왈 선행기언 이후종지

자해(字解)

① 선행기언先行其言 : 말하려고 하는 바를 먼저 행동으로 행한다.
② 이후종지而後從之 : 그런 후에 말이 그것을 좇는다.

이 장은 소인배가 말은 많으면서 행동은 갖추어져 있지 않음을 질책한

---

2) 중국 춘추시대 위衛나라의 유가儒家. 자공은 그의 자. 성은 단목端木, 이름은 사賜. 공자의 제자 중 제일의 변설가辯舌家로, 사과십철四科十哲의 한 사람이다. 그의 변설은 외교 면에서 지극히 유용하여 제 齊나라와 오吳나라를 왕래하면서 변설을 구사하여 노魯나라의 위기를 구했다. 손숙무숙叔孫武叔은 자공이 공자보다 현명하다고 했으며, 당시의 정치가들로부터 사랑을 받았다. 공자의 장례를 혼자 도맡아 치렀고, 심상心喪 3년 후에 다시 3년 동안 복상했다. 뒤에 노나라와 위나라의 재상이 되었다고 알려진다. 또한 재산을 늘리는 재주가 있어서 천금을 모았다고 하며, 공자의 제자 가운데에서 가장 부유했던 것으로 알려져 있다. 제나라에서 유학儒學이 성행했던 데에는 자공의 힘이 컸다.

말이다. 공자는 항상 행동을 중시하고 말은 신중히 하라고 가르쳤다. 실질을 추구했으며 언행일치를 요구했다. 그래서 자공이 군자는 어떠해야 하는지 질문하자, 진정한 군자란 말을 하기에 앞서 먼저 행동으로 그 말하고자 하는 바를 행하여야 한다고 말한 것이다. 먼저 행하면 말할 필요도 없거니와 솔선수범함으로써 복종하고 따르게 된다.

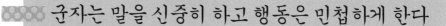

君子學 7講

군자는 말을 신중히 하고 행동은 민첩하게 한다

공자께서 말씀하셨다.

"군자는 말은 어눌하게 행동은 민첩하게 하려 한다."

—「이인」4.24

子曰 : 君子欲訥於言而敏於行.
자왈 군자욕눌어언이민어행

자해(字解)

① 눌訥 : 어눌하다, 말을 더듬거리다. 여기서는 '말을 신중히 하다'는 의미.
② 민敏 : 민첩하다.

　　공자는 제자들에게 인덕仁德을 추구하도록 가르쳤다. 언행일치는 바로 언행에 있어서 인仁의 체현이다. 말과 행동의 관계에 있어서, 공자는 말은 적게 하고 실천을 많이 하며, 나아가 언행이 일치하기를 일관되게 주장했다. 이 말은 당시에 말이 실행되지 않는 폐단에 따라 나온 것이었다. '눌訥'은 말을 어눌하게 하며, 말주변이 없는 것을 뜻한다. 다시 말하면 말을 신중히 하라는 뜻이다. 군자는 큰소리치며 빈말을 하지 않으며, 장황하게 말을 늘어놓지도 않고 허장성세의 허풍도 부리지 않는다. 반면에 일을 하려고 하면 매사에 빈틈없이 신속하고 정확하게 하라는 뜻이다. 이 역시 말보다 실천이 중요하다는 의미이다. 「학이」1.14의 "일에는 민첩하고 말에는 신중하다(敏於事而愼於言)"는 말과 같은 뜻이다. 말로써 천 냥 빚을 갚기도 하지만, 모든 화禍는 말에서 비롯된다고 할 만큼 말을 신중히 해야 한다는 것을 되새겨 봐야 할 것이다.

군자는 몸소 실천한다

선생님께서 말씀하셨다. "학문은 나도 남만 못하겠는가? 군자의 도를 몸소 실천하는 데 있어 나는 아직 그 경지에 이르지 못했노라."

—「술이」7.33

子曰 : 文, 莫吾猶人也. 躬行君子, 則吾未之有得.
자왈 문 막오유인야 궁행군자 즉오미지유득

자해(字解)

① 문文 : 문학, 학문, 문헌상의 지식.
② 막오유인야莫吾猶人也 : 대략 나도 남과 같다. '막莫'은 대략, '유猶'는 같다.
③ 궁행躬行 : 몸소 실천하다. '궁躬'은 몸, 몸소, 친히. '행行'은 행하다, 실천하다.
④ 유득有得 : 얻은 바가 있다, 터득한 바가 있다, 마음에 깨달은 바가 있다.

　　이 말은 공자가 군자의 도를 몸소 실천하기가 참으로 어렵다고 토로한 말이다. 이것은 공자의 겸허한 말이자, 솔직한 독백이다. 유가에서 말하는 학문이란 올바른 사람됨의 도리를 가리키는 것이다. 결코 총명하거나 문학이 뛰어나고 박학다식한 것을 말하는 것이 아니다. 만약, 문헌상의 지식으로 말한다면, 아마 공자는 일반 지식인들과 같을 것이다. 하지만 자신이 몸소 실천하는 면에서 군자의 기준에 이르렀는지에 대해서는 아직 얻은 바가 없다고 하는 겸손한 표현이다. 공자는 학문보다 도의 실천이 어렵다고 말한 것이다. 분발을 촉구한 말이자 자신에 대한 다짐이다. 실천의 중요성을 언급한 것으로 말보다 실천이다.

『논어』에서 군자와 관련된 문장은 모두 86개이다. 그것을 모두 실천한다면 어찌 군자뿐이겠는가? 공자의 문인들이 후일 공자를 성인으로 추앙했지만, 바로 성인으로 등극하는 것이다. 궁행군자의 경지가 "무엇이든지 하고 싶은 대로 행하여도 법도에 어긋남이 없다.(從心所欲不踰矩)", "아침에 도를 깨달으면 저녁에 죽어도 좋다.(朝聞道, 夕死可矣)"라는 경계에 이르지 않겠는가?

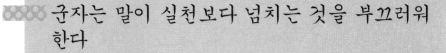

君子學 9講

군자는 말이 실천보다 넘치는 것을 부끄러워한다

공자께서 말씀하셨다.

"군자는 자신의 말이 실천보다 넘치는 것을 부끄러워한다."

—「헌문」14.27

子曰 : 君子恥其言而過其行.
자왈 군자치기언이과기행

자해(字解)

① 치恥 : 부끄러워하다.
② 과기행過其行 : '과過'는 지나치다, 분수에 넘치다. '행行'은 실천, 행동.

말은 지나치게 하기가 쉬우므로 모자란 듯해야 하고, 실천은 말에 따르지 못하기가 쉬우므로 말에 비해 넉넉하게 행동해야 한다. 그러므로 군자는 말은 적게, 행동은 넉넉하게 한다. 앞부분에 나온 "먼저 그 말을 행하고, 후에 말을 한다.(先行其言, 而後從之)"는 말과 같은 의미이다. 자기의 말에 따르는 책임을 다해야 한다는 뜻이다. 자신의 능력에 벗어나는 말을 하지 말고, 실천할 수 없는 일에 대해 과욕을 부리는 어리석음을 범하지 말라는 것이다. 실생활에서 가장 먼저 실천해 볼 수 있는 방법이 시간 약속을 철저히 지키는 일이다. 남과의 시간 약속을 지키지 못하는 사람은 남에게 신뢰를 줄 수 없다. 약속이란 자신과 타인에 대한 존중이다. 자신을 존중할 줄 모르고, 남을 존중할 줄 모르는 사람은 세상에 바로 설 수가 없다. 이렇듯 말과 그에 따른 실천은 실로 중요한 것이다.

군자는 단결하되 결탁하지 않는다

공자께서 말씀하셨다.

"군자는 단결하되 결탁하지 않고, 소인은 결탁하되 단결하지 못한다."

—「위정」2.14

子曰 : 君子周而不比, 小人比而不周.

자왈 군자주이불비 소인비이부주

자해(字解)

① 주周 : 두루, 미쁘다(신의가 있다는 뜻).

② 비比 : 견주다, 아첨하다.

'주周'는 당시의 도의道義로써 사람들을 단결시키는 것을 의미하고, '비比'는 잠시 동안 공동의 이익을 위하여 서로 결탁結託하는 것을 뜻한다. 왕인지王仁之라는 학자는 주周와 비比를 의義와 이利로 구별하여, 학덕學德으로써 사회에 공헌함을 자기 사명으로 하는 군자와 이기적인 탐욕을 일삼는 소인배에 비유했다. 군자는 신의에 따라 두루 공평하게 친교를 맺으며 결코 결탁하여 사리사욕을 탐하지 않는다. 이에 반해 덕이 없는 소인배는 이해관계에 따라 서로 결탁하여 공익을 위한 교제를 하지 못한다.

　남회근 선생은 "군자는 누구에게나 평등하게 대하며 차별을 두지 않고, 소인은 차별을 두어 누구에게나 평등하게 대하지 않는다."라고 해석한다. 여기에서 '주周'란 만상을 남김없이 포함하는 하나의 둥근 원圓으로서, 두루 미치지 않는 곳이 없는 것을 의미한다. "군자는 처세에 있어 누구에게나 똑같이 대한다.(君子周而不比)" 갑에게는 좋게 대하고 을에게는 나쁘게 대한다는 식은 옳지 않은데, 이런 것을 '비이부주(比而不周)'라고 한다. 자기 마음에 든다고 하여 좋게 대하고, 자기 마음에 들지 않는다고 하여 나쁘게 대하는 것이 '비比'가 지닌 뜻이다. 큰 정치인은 종교인과 마찬가지로 사람을 사랑하는 데 있어 피차彼此를 구별해서는 안 된다. 군자는 '주이불비(周而不比)', 즉 누구에게나 평등하게 대하며 차별을 두지 않지만, 소인은 그 반대인 '비이부주比而不周' 하니 자기 마음에 드는 사람과만 친구가 되고 무슨 일에서나 자기를 중심으로 기준을 삼게 된다.

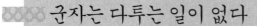

君子學 11講

군자는 다투는 일이 없다

공자께서 말씀하셨다.

"군자는 다투는 일이 없으며, 꼭 있다면 활 쏘는 일뿐이다. 서로 읍하고 양보하며 오르며, 내려와서 벌주를 마시니, 그렇게 다투는 것이 군자이다."

―「팔일」3.7

子曰 : 君子無所爭, 必也射乎. 揖讓以升, 下以飮, 其爭也君子.
자왈 군자무소쟁 필야사호 읍양이승 하이음 기쟁야군자

자해(字解)

① 무소쟁無所爭 : 남과 다투는 경우가 없다.
② 필야사호必也射乎 : 꼭 활쏘기뿐일 것이다. '사射'는 (활을) 쏘다. '必也~乎'는 '오직 그것뿐 다른 것은 절대로 없다'는 뜻이다.
③ 읍양揖讓 : '읍揖'은 두 손을 앞가슴에 올리고 예를 차리다. '양讓'은 양보하다. '읍양揖讓'은 읍揖하며 양보하다.
④ 기쟁야군자其爭也君子 : 이는 고대의 활쏘기의 예의에 대해서 설명한 것이다. 패한 사람이 벌주를 마신다.

이 장은 옛날의 활쏘기에 있어서 군자의 풍모를 설명한 것이다. 공자는 당시의 활쏘기 풍습을 들어 군자의 입신 처세의 태도를 설명하고 있다. 활쏘기는 육예六藝의 하나로서 군사훈련을 뜻한다. 활쏘기 시합을 시작할 때에는 서로 마주보고 경례로써 미안함, 즉 예양禮讓을 표시한다. 그런 다음에 시합을 시작한다. 시합이 끝나면 누가 이기고 누구 졌던 간에 서로 마주 대하고 술 한잔을 마시면서, 이긴 사람은 "양보해 주셔서 감사합니다."라고 말하고, 진 사람은 "잘 배웠습니다."라고 말하며 모두 예의를 갖춘다. 이렇게 인문의 예의를 지키는 것은 사람이 바로 문화의 정신을 지닌 까닭이다. 사람이 사람답다 할 수 있는 까닭은 사상이 있고 문화 정신이 있기 때문이다. 인간관계나 일에 있어서 경쟁이 있기 마련인데, 비록 경쟁해야 하는 상황에서라도 늘 군자의 태도를 유지하라는 것이다. 이는 오늘날 스포츠에 있어서 페어플레이 정신과 비슷하다고 할 수 있다. 게임 룰을 존중하고 따르는 것이야말로 스포츠 정신이며, 이는 바로 문화 정신이다.

　　군자는 공손하며 예의를 갖추면서 남과 다투지 않는다. 유독 활쏘기에 있어서 경쟁이 있을 뿐이다. 그러나 그 경쟁에 있어서도 상대에게 예를 다하고, 승부가 결정된 후에도 서로 술을 대작하며 시종일관 예를 잃지 않았으니 진정한 군자의 풍모는 이러하다고 하겠다.

君子學 12講

군자는 문화의 쇠퇴에 경종을 울려야 한다

의儀 지방의 국경 관리인이 뵙기를 청하며 말했다. "군자가 이곳에 오시면 저는 만나 뵙지 못한 적이 없었습니다." 종자들이 뵙게 해주자, 나와서 말했다. "여러분은 어찌 선생님이 벼슬을 잃은 것을 근심하십니까? 천하에 도가 없는 지 오래라, 하늘이 장차 선생님을 목탁으로 삼고자 하신 것입니다."

—「팔일」3.24

儀封人請見, 曰 : 君子之至於斯也, 吾未嘗不得見也. 從者見之.
出曰 : 二三子, 何患於喪乎?
의봉인청현 왈 군자지지어사야 오미상불득현야 종자현지 출왈 이삼자 하환어상호

天下之無道也久矣, 天將以夫子爲木鐸.
천하지무도야구의 천장이부자위목탁

자해(字解)

① 의儀 : 위衛나라의 한 지방의 마을 이름.
② 봉인封人 : 옛날의 '봉封'이란 국경을 가리킴. '봉인封人'은 제후국의 국경을 지키는 벼슬 이름.
③ 미상불未嘗不 : 일찍이 ~하지 않은 바가 없다.
④ 종자從子 : 공자의 제자들, 즉 수행원. 여행 중이기 때문에 종자라고 했음.
⑤ 이삼자二三子 : 여러분, 공자가 제자들을 부를 때 사용했으며, 나이가 많은 사람이 젊은 사람을 부를 때 사용.

⑥ 목탁 木鐸 : 나라에서 교령을 내리기에 앞서 흔들어 사람들에게 알리는 종.

이 장은 봉인封人의 말을 빌려 공자의 사명을 말한 것이다. 이 장에서의 중점은 "하늘이 장차 선생님을 목탁으로 삼고자 하신 것입니다.(天將夫子爲木鐸)"이다. 공자의 사명은 정치가이기보다는 사회의 목탁으로서 세상을 바로잡고 교화하는 데 있다. W이론의 창시자 이면우 교수는 사회 전반의 부패와 리더십 부재에 대하여 "김수환 추기경과 법정 스님이 세상을 떠나고 나니 사람들이 믿고 의지할 지도자가 없어 정신적으로 방황하고 있다. 한 사회의 지도자란 창의적인 생각을 갖고서 고행도 감내하고 주변과 갈등을 겪으면서도 이를 이겨내고 미래를 위한 토대를 만드는 사람이다. 권력과 대중의 눈치를 보지 않아야 한다."고 설파했다. 공자는 당시 사회의 지도자로 스승으로 세상을 경계하고 교화한 만세의 사표師表였던 것이다. 군자는 크게는 사회와 국가에, 작게는 직장, 단체 등에서 위기의 순간에 경종을 울릴 수 있는 존재의 가치를 지녀야 한다는 의미이다. 여기에서 현재 우리나라 여론의 중심에 우뚝 선 안철수 교수가 떠오른다. 한시적인 정치인으로서의 안철수보다는 우리 사회의 목탁으로서 권력과 대중의 눈치를 보지 않고 세상을 바로잡고 교화하는 더 위대한 역할을 했으면 하고 희망해본다.

"어찌 벼슬을 잃은 것을 근심하십니까?(何患於喪乎)"는 두 가지 해석이 있는데, 첫째는 일반적인 것으로 "어찌 선생님이 벼슬을 잃은 것을 근심하십니까?"이다. 이는 공자가 처음으로 위衛나라로 간 것이 정공鄭公 13년 공자 나이 56세 때로 노魯나라 사구司寇 벼슬을 잃고 갔다고 공자 편년에 기록되었다는 데에 근거한 것이다. 두 번째 해석은 "어찌 문화가 상실될까 근심하십니까?"이다. 이는 남회근 선생의 해석이다. 그는 다음과 같이 해석한다.

　「봉인은 공자를 만나고 나와서는 공자의 제자들에게 이렇게 말했습니다. "여러분들은 문화의 쇠퇴를 걱정할 필요가 없습니다. 우리 문화는 이제 살아나게 되었습니다. 천하가 이토록 오랫동안 어지러워 문화가 이미 시들어지니, 하늘이 공자를 내려 보냈습니다. 공자의 학문과 도덕은 여러분과 세상 사람들에게 영향을 줄 것입니다. 하늘은 공자로 하여금 세상을 경계하는 목탁으로 삼고자 하니, 여러분은 걱정하지 마십시오."」

군자는 정당한 방법으로 돈을 벌어야 한다

공자께서 말씀하셨다.

"부귀는 사람들이 바라는 것이지만, 정도로써 얻는 것이 아니라면 누리지 말아야 한다. 빈천은 사람들이 싫어하는 것이지만, 정도로써 벗어나는 것이 아니라면 면하려 들지 말아야 한다. 군자가 인을 버린다면, 어찌 이름을 이루겠는가? 군자는 밥 먹는 동안에도 인을 어기지 말아야 하며, 어떤 일을 이루는 데도 반드시 인에 의지하고, 실패하여 넘어질지라도 반드시 인에 의지해야 한다."

—「이인」4.5

子曰：富與貴, 是人之所欲也, 不以其道得之, 不處也. 貧與賤, 是人之所惡也,
자왈 부여귀 시인지소욕야 불이기도득지 불처야 빈여천 시인지소오야

不以其道得之, 不去也. 君子去仁, 惡乎成名？ 君子無終食之間違仁, 造次必於是, 顚沛必於是.
불이기도득지 불거야 군자거인 오호성명 군자무종식지간위인 조차필어시 전패필어시

자해(字解)

① 처處 : 누리다, 즐기다.

② 소오 所惡 : '오惡'는 혐오하다, 싫어하다. '소오所惡'는 싫어하는 것.

③ 득지得之 : 부귀富貴는 '얻는다(得之)'라고 말할 수 있지만, 빈천貧賤은 오히려 사람들이 얻고 싶 어하지 않으니 '거지去之'라 해야 한다.

④ 불거不去 : 빈천을 싫다고 떠나지 않는다, 벗어나지 않는다. 즉 안빈낙도 安貧樂道 한다.

⑤ 오호惡乎 : 어찌하여.

⑥ 종식지간終食之間 : 밥 한 끼 먹는 동안. '종終'은 마치다, '종식終食'은 밥 먹는 것을 마치다.

⑦ 조차造次 : 다급한 때, 창졸간에.

⑧ 전패顚沛 : '넘어지고 자빠지다'는 뜻으로 위급한 때를 의미함.

⑨ 조차전패造次顚沛 : 발을 헛디뎌 아차 넘어지는 사이에.

⑩ 필어시必於是 : '시是'는 이것이라는 뜻의 대명사로 인仁을 가리킴. '필어시必於是'는 인仁에 있 어야 한다, 머물러야 한다는 뜻.

　　부귀는 누구나 원하는 것이므로 이것을 추구하여도 나쁘지 않다. 정당 한 부의 축적은 존경받아야 마땅하다. 서양의 막스 웨버는 부의 축적에 대 해서 열심히 일하고 검약하여 부를 축적하는 것이 기독교 정신에 위배되 지 않음을 정의하여 자본주의의 기틀을 마련했다. 그러나 인덕과 지위에 알맞은 방법으로 구하지 않으면 비록 부귀를 누린다 할지라도 옳지 못하 며, 빈천貧賤은 누구나 싫어하는 바이므로 벗어나려고 하는 것은 좋으나, 정도로써가 아니면 차라리 의연하게 안빈낙도하는 것이 옳다. 군자가 인 을 저버리고서 어찌 군자임을 자처하겠는가! 군자는 밥 먹는 짧은 시간일 지라도 인을 생각하고, 아무리 다급한 때라 하더라도 반드시 인을 잊어버 려서는 아니 된다.

　　이것은 유가의 인仁의 수양을 말한 것이다. "군자가 인을 버리고서 어 찌 이름을 이루겠는가?(君子去仁, 惡乎成名)" 여기에서의 인仁은 중심 사상을 의미한다. 군자가 인을 버리면 중심 사상이 없어진다는 것이다. 다른 방면 의 성취가 아무리 높다 하더라도 중심 사상인 인仁이 없다면 인仁의 최고 경계에 도달하지 못하고, 그저 그런 재능과 기교일 뿐이라는 것이다.

'조차필어시造次必於是, 전패필어시顚市必於是'의 일반적인 뜻은 "다급한 순간에도 인과 함께 해야 하고, 위급한 상황에서도 인과 함께 해야 한다."는 것이다. 그러나 남회근 선생의 해석에 의하면, '조造'는 창조·작위를 뜻하며, '차次'는 이러한 상황을 의미하는 것으로 '조차造次'는 성취하다는 뜻으로 해석한다. 그리하여 "어떤 일을 이루는 데도 반드시 인에 의지하고, 실패하여 넘어질지라도 반드시 인에 의지해야 한다."고 해석한다. 이 말은 일이 마음먹은 대로 되어 갈 때에도 인에 의지해 성공하고, 실패했을 때도 인에 의지해 안온하다는 것이다. 다시 말하면, 어떤 사업의 성공이든 실패든 모두 다 인에 의지해야 한다는 뜻이다. 군자는 사업이 성공했을 때에도 태연하게 행동하고, 뜻을 이루지 못했을 때에도 한탄하거나 원망하지 않는다는 의미이다.

君子學 14講

> 군자는 오직 올바른 길을 쫓아서 의리를 지킬 뿐이다

공자께서 말씀하셨다.

"군자는 천하의 일에 대하여 꼭 그래야 한다는 것도 없고, 꼭 그래서는 안 된다는 것도 없으며, 오직 옳은 것을 따를 뿐이다."

—「이인」4.10

子曰：君子之於天下也, 無適也, 無莫也, 義之與比.
자왈 군자지어천하야 무적야 무막야 의지여비

 자해(字解)

① 어천하於天下 : '어於'는 어조사로 ~에 대해. '천하天下'는 천하의 일.
② 적適 : 오로지 주장하는 것으로, 좋다고 고집하는 것을 말함.
③ 막莫 : '적適'의 반대의 의미로, 나쁘다고 배척하는 것을 의미함.
④ 여비與比 : 견주다

군자는 천하의 모든 일을 다스릴 때 "이것은 꼭 해야 한다."거나 "저것은 해서는 안 된다."고 고집하지도 않고, 또 부정하지도 않는다. 오직 올바른 길을 쫓아서 의리를 지킬 따름이다.

나라를 다스리고, 기업을 경영하는 지도자는 스스로의 선입견을 가지고 미리 선을 그어 그 경계를 한정 지어서는 안 된다. "내 눈에 흙이 들어가기 전에는 안 돼!" "내 임기 중에 완성해야 해!" "내 임기 중에는 절대로 안 돼!"라고 단정 지어 새로운 선택을 할 수 있는 여지를 없애서는 안 되는 것이다. 객관적인 형세에 따라서 정하되, 오로지 의로움을 따라야 한다. 가정에서 가장의 처신과 사회생활에서의 처세 또한 인의仁義를 행위의 최고 준칙으로 삼아야 한다.

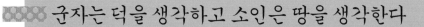

군자는 덕을 생각하고 소인은 땅을 생각한다

공자께서 말씀하셨다.

"군자는 덕을 생각하나 소인은 땅을 생각한다. 군자는 법을 생각하나 소인은 혜택만을 생각한다."

—「이인」4.11

子曰 : 君子懷德, 小人懷土. 君子懷刑, 小人懷惠.
자왈 군자회덕 소인회토 군자회형 소인회혜

자해(字解)

① 회懷 : 품다, 생각하다.
② 토土 : 땅, 토지. 여기서는 재부財富를 상징한다.
③ 형刑 : 형법, 법률.
④ 혜惠 : 은혜, 혜택.

　　같은 사람이면서 어떤 사람은 군자가 되고, 어떤 사람은 소인이 되는가? 그것은 군자와 소인은 마음 쓰는 것이 다르기 때문이다. 사람은 평소의 생각 속에 무엇을 담고 있는가에 따라 그 인격이 달라진다. 군자는 도덕에 마음을 쓰고 예법에 어긋나지 않으려고 스스로 자중하는 데 반하여,

소인은 토지와 같은 재부와 자신의 이익만을 추구한다. 군자는 사상의 중심이 도덕에 있기에 도덕을 위반하는 일을 하지 않지만, 소인은 도덕에는 관심이 없고 부동산 재테크에만 몰두한다. 옛날의 토지는 오늘날의 재부財富에 해당하며, 소인은 재부나 이익만을 생각한다는 것이다.

"군자는 법을 생각한다.(君子懷刑)" 군자가 제일 두려워하는 것은 스스로의 덕성을 위반하는 것이며, 그 다음으로 두려워하는 것이 법을 위반하는 일이다. 여기에서 법이란 단순히 형벌에서의 법만이 아니라, 유가의 행위 규범인 도덕률을 내포하고 있다. 법률은 문을 잠그는 자물쇠와 같아서 군자를 막을 수 있지만 소인을 막을 수는 없어서, 좀도둑이 진짜 훔치려고만 하면 자물쇠라도 어쩔 수 없다. 법률도 마찬가지이다. "법을 알면서 법을 어긴다.(知法犯法)"는 말이 있다. 법조계의 사람들 이야기이다. 어떻게 해서든 법망을 빠져나가려는 사람은 모두 법률에 정통하며, 법률에 정통하지 않은 사람은 감히 법을 어기지 못한다. 세상은 법률로써만 다스릴 수 없으며, 도덕을 기초로 삼아야 법률의 부족함을 보완할 수 있다. 이 때문에 군자는 형법을 두려워하는 마음을 품고 있지만, 소인은 복이나 혜택만 생각한다. 즉 어디서나 이익만을 따져서 좋은 점만 찾으려고 하는 사람은 소인이라는 것이다.

군자의 최고 덕목은 인재 등용이다

공자께서 자천子賤에 대하여 말씀하셨다.

"군자로다, 이러한 사람은! 노나라에 군자가 없다면 이 사람이 어떻게 그러한 인덕과 재능을 취하겠는가?"

— 「공야장」 5.3

子謂子賤 : 君子哉若人! 魯無君子者, 斯焉取斯?
자위자천 군자재약인 노무군자자 사언취사

자해(字解)

① 약인若人 : 이러한 사람, 이와 같은 사람.

② 언焉 : 어찌, 어떻게.

③ 사언취사斯焉取斯 : '사斯'는 이, 이것. 앞의 '사斯'는 자천子賤을 지칭하고, 뒤의 '사斯'는 군자의 인덕을 지칭함.

　

　

자천子賤은 성이 복宓 이름은 부제不齊, 자字가 자천子賤이며, 노魯나라 사람으로 공자의 제자이다.

자천이 선보單父의 재宰로 부임하기 전에, 먼저 공자를 예방하자 공자께서 그에게 말씀하셨다.

"관직에 있는 사람은 자기의 의견을 가벼이 밝혀서는 안 되며, 다른 사람의 말을 쉬 승낙해서도 안 된다. 쉽게 승낙하면 자신의 입장을 잃게 되며, 다른 사람을 가볍게 거절하면 소통이 막히게 된다."

지나는 길에 어부 양주陽晝라는 사람을 만나자 이렇게 물었다.

"그대는 나에게 무슨 선물로 환송하려 하오?"

양주는 이렇게 대답하였다.

"저는 어릴 때에 가난하여 백성을 다스리는 방법을 배우지 못했습니다. 그런데 지금 낚시질하는 방법이 두 가지가 있는데, 이를 알려 드리는 것으로 선물을 대신하겠습니다."

"낚시의 도가 어떤 것인데요?"

이에 양주는 이렇게 말하였다.

"낚싯줄에 미끼를 달아 내려뜨리면 이를 보고 즉시 물어 버리는 고기가 있습니다. 이는 양교陽橋라는 물고기입니다. 그 고기는 살도 적고 맛도 없지요. 그런데 미끼를 보고는 본듯 만듯, 물듯 말듯하는 고기가 있는데, 이것은 방어魴魚라는 고기입니다. 그 고기는 살지고 맛도 좋지요!"

이 말에 복자천은 "좋다!"하고 떠났다.

그가 미처 선보 땅에 이르지도 않았는데, 벌써 수레 뚜껑을 펄럭이며 마중 나온 자가 길에 한꺼번에 몰려왔다. 이를 본 자천이 말하였다.

"빨리 수레를 몰아라! 빨리! 양주가 말했던 양교라는 물고기가 몰려오고 있다."

그리고는 선보에 이르러 그곳의 노인과 어진 이에게 청하여 함께 선보 땅을 다스리자고 하였다.

자천과 무마기巫馬期 두 사람은 차례로 선보를 다스렸는데, 둘 다 훌륭히 정치를 잘하였다. 그러나 두 사람의 선정善政에는 그 차이가 컸다. 자천은 관아에서 거문고를 연주하면서 아주 수월하게 시정을 펼쳤는 데 반하여, 무마기는 온종일 밤늦게까지 시정을 돌보았다. 무마기는 자연히 자천에게 비결을 배우고자 가르침을 청하였다. 자천이 말했다.

"나는 인재 등용을 중시했는데, 당신은 몸소 애서 일했다. 몸소 일하자면 당연히 수고스럽고, 인재를 잘 쓰면 수월한 법이지."

자천의 이 말은 리더의 최고 덕목은 인재 등용이라는 것이다.

자천의 용인술에 대하여, 『한시외전韓詩外傳』에 다음과 같은 기록이 있다.

공자가 자천에게 물었다.

"네가 선보를 다스림에 모두들 즐거워하는데, 어떻게 다스린 것이냐?"

자천이 대답했다.

"제가 그들의 아버지를 제 아버지처럼 대했으며, 그들의 아이를 제 아이처럼 대했습니다. 과부를 동정했으며 상가喪家에는 애도했습니다."

"어버이처럼 섬긴 사람이 세 사람이고, 형으로 섬긴 사람이 다섯 사람이며, 벗으로 사귄 사람이 열 두 사람, 스승으로 섬긴 사람이 한 사람입니다."

공자가 이 말을 듣고는 "어버이처럼 섬긴 사람으로부터 효도를 배웠고, 형처럼 섬긴 사람으로부터 공경하는 것을 배웠으며, 벗으로 사귄 사람으로부터는 자기의 편견을 깨닫고, 스승으로 모신 사람으로부터는 과실을 고쳐 받았을 것이다. 그렇다면 그 공은 요순과 같을 것이다."라고 칭찬했다고 한다.

또 다음과 같은 일화가 있다.

공자에게 공멸孔蔑이라는 조카가 있었는데, 자천과 같은 시기에 관직에 있었다. 공자가 지나가다 공멸에게 물었다.

"네가 관직에 출사한 후에 무엇을 얻고, 또 무엇을 잃었는가?"

공멸이 대답했다.

"제가 벼슬을 한 이래 얻은 것은 별로 없고, 오히려 세 가지를 잃어버렸습니다. 업무가 너무 많아 학문을 익힐 시간이 없어서 학문이 퇴보한 것이 첫 번째 손실입니다. 그 다음은 대우가 너무 형편없어 죽도 배불리 먹을 수 없어서 친척을 돌볼 여유가 없습니다. 그래서 친척들과 소원해졌습니다. 이것이 두 번째 손실입니다. 그리고 공무가 아주 바빠서 조문하거나 문병할 시간이 없어서 친구들과도 더욱 소원해졌습니다. 이것이 세 번째 손실입니다."

공자는 이를 듣고서 몹시 언짢았다. 공자는 다시 자천에게 가서 물어보았다.

"자네가 벼슬을 한 후에 무슨 손실이 있었는가?"

자천이 대답했다.

"제가 벼슬을 한 이후에 손실은 없었으며 도리어 세 가지 소득이 있었습니다. 예전에 책에서 배운 것을 지금 모두 실천했습니다. 그래서 저의 학문이 더욱 분명해졌습니다. 이것이 저의 첫 번째 소득입니다. 대우가 비록 좋지는 않지만 친척들에게 모두 죽 한 그릇은 먹일 수 있었으니, 친척들과 더욱 친해졌습니다. 이것이 저의 두 번째 소득입니다. 공무가 비록 밤낮으로 바쁘지만 문상과 문병은 여전히 평소와 같이 하였습니다. 그래서 친구들과 더욱 가까워졌으니, 이것이 저의 세 번째 소득입니다."

공자가 자천에게 말했다.

"자네 같은 사람이야말로 진정한 군자로다! 노나라에 군자가 없었다면, 어디에서 이러한 도리를 배웠겠는가?"

군자는 의리에 밝고 소인은 이익에 밝다

공자께서 말씀하셨다.

"군자는 의리에 밝고, 소인은 이익에 밝다."

—「이인」4.16

子曰 : 君子喻於義, 小人喻於利.
자왈 군자유어의 소인유어리

자해(字解)

① 유喻 : 깨우치다, 깨닫다.

이 장은 군자와 소인이 세속에서 추구하는 가치관의 차이를 밝힌 것이다. 군자는 정의를 중시하고 소인은 개인적인 이익을 중시한다. 군자는 목숨으로써 정의를 지키고 소인은 이익을 추구하면서 정의를 외면한다. 그렇다고 군자가 이익을 추구하지 않는다는 것은 아니다. 정의를 위해서는 개인적인 이익을 양보할 수 있다는 뜻이다. 소인 역시 정의를 전혀 도외시한다는 것이 아니라, 정의와 개인적인 이해관계가 상충될 때 개인적인 이익을 우선한다는 뜻이다.

군자는 겸손하고 공손하며 은혜롭고 의롭다

공자께서 자산에 대해 말씀하셨다.

"군자의 도를 네 가지 지니고 있었으니, 자신의 처신에는 겸손했고, 윗사람을 섬김에는 공손했으며, 백성을 살게 함에는 은혜로웠고, 백성을 부림에는 의로웠다."

—「공야장」5.16

子謂子産 : 有君子之道四焉 : 其行己也恭, 其事上也敬, 其養民也惠, 其使民也義.
자위자산 유군자지도사언 기행기야공 기사상야경 기양민야혜 기사민야의

자해(字解)

① 자산子産 : 공손교公孫僑의 자. 춘추시대 정鄭나라 대부.
② 행기行己 : 자기의 몸가짐, 처신, 행동.
③ 공恭 : 공손하다. 공경하고 겸손한 태도가 용모나 동작에 나타남.
④ 경敬 : 공경하다. 성실하게 자기의 직분을 다하는 것.
⑤ 혜惠 : 은혜, 베풀다. 자애를 베풀다.

자산子産[3]은 정鄭나라의 어진 재상으로 춘추시대 그 치적이 탁월하여 민심을 크게 얻은 유명한 정치가였다. 공자 또한 자산이 네 가지 군자의 도, 즉 공恭·경敬·혜惠·의義를 갖추었다고 칭송했다. 공恭은 내심의 성실이다. 겉으로 표출된 품행의 겸허함과 단정함이다. 경敬은 윗사람에 대한 공경과 예의로서, 어떠한 사람·사물에 대해서도 같은 태도를 지녀야 한다. 혜惠는 백성들에게 은혜를 베풀어 그들로 하여금 편안히 거주하며 각자의 생업에 안심하고 종사할 수 있도록 하는 것이다. 의義는 백성들을 부리는 데 있어서 정리情理와 시기와 법도에 맞게 하여 백성들이 기꺼이 따르도록 하는 것이다. 이 네 가지 군자의 도는 위정爲政의 근본일 뿐만이 아니라 인간 처세의 기본이기도 하다. 정치를 하는 사람으로 말하자면 일체의 정치 행정은 백성들의 이익을 근간으로 삼아야 하며, 일체를 민의民意에 따라야 한다. 물론 그 최종 목적은 백성들을 이롭게 하는 것이며, 은혜롭게 하는 것이며, 안정되고 행복한 삶을 영위케 하는 것이다.

당시 중원의 정세는 진晉과 초楚 양대 강국을 중심으로 대립과 항쟁이 지속되고 있었다. 따라서 이 두 나라의 중간에 끼어있던 약소국의 하나인 정나라는 예외 없이 두 강대국의 눈치를 살필 수밖에 없는 입장이었으며, 이 두 강대국의 틈새에서 무수한 침략을 받으며 고초를 겪고 있었다. 뿐만 아니라 당시 정나라는 내부적으로도 끊이지 않는 정쟁의 소용돌이 속에 휘말려 있었기 때문에 정나라는 대내외적으로 매우 불안한 상태에 처해 있었다. 자산은 이러한 멸망 직전에 이른 정나라의 재건을 담당하여, 20여 년간 정나라의 국내 정치를 개혁하고 의연한 외교 교섭을 진개하여 소국인 정나라를 훌륭하게 부흥시켰던 것이다.

---

3) 중국 춘추시대 정 鄭나라 대부. 자산은 자이고, 이름은 교僑인데, 이 때문에 공손교 公孫僑라고도 한다. 정나라 목공穆公의 손자이며 공자국 公子國의 아들이다. BC 554년 경卿이 되어 정치에 참여했고, BC 543년 집정 執政이 되어 국정을 관장했다.

이러한 일련의 개혁 정책들은 시행 초기에 백성들과 주변 사람들로부터 많은 원망과 비난을 받기도 하였지만, 자산은 이 길만이 정나라를 구할 수 있다는 굳은 신념으로 이상의 조치들을 꾸준히 시행해 나갔다. 그 결과 시간이 지날수록 자산의 개혁 조치들은 조금씩 효과를 거두게 되었던 것이다. 사마천은 『사기』에서 자산의 치세에 대하여 다음과 같이 기술하고 있다.

"자산이 재상이 된 지 1년 후에 어린이들이 못된 장난을 하지 않았다. 또 한창때인 장년은 일에 열중하였으므로 노인이나 아이들은 중노동을 하지 않고도 살아갈 수 있었다. 2년 후에는 외상으로 물건을 파는 사람이 없어졌다. 3년 후에는 밤이 되어도 문단속을 하는 집이 없어졌으며, 또 분실물을 줍는 법이 없었다. 4년 후에는 농민이 농기구를 논밭에 둔 채로 집에 돌아오는 것이었다. 5년 후에는 사족士族은 군역에서 해방되고 또 복상服喪의 기간은 어김없이 지키게 되었다."

즉 이것은 자산이 개혁 정치를 시행 이후 정나라는 어느덧 사회질서가 어김없이 지켜지고 사람들이 태평세월을 구가하게 되었다는 것을 의미한다.

공자는 20대의 젊은 시절에 정나라를 방문하여 만년의 자산을 친히 만난 적이 있었다. 이 당시 자산은 일국의 재상이었고 공자는 무명소졸에 불과하였다. 이때 공자는 자산을 만난 다음 그의 인격과 재능을 높이 평가하고 극도의 존경을 표하였던 것이다.

군자는 남이 다급한 것은 도와주지만 부자에게 더 보태주지는 않는다

자화가 제나라에 사신으로 떠나자, 염구가 그의 모친을 위해 곡식을 보내주기를 요청하였다. 공자께서 "여섯 말 넉 되만 주어라."고 하셨다. 염구가 더 주기를 요청하니 "그러면 열여섯 말을 주어라."고 하셨다. 그러나 염구가 그에게 곡식 여든 섬을 보내주자, 공자께서 말씀하셨다. "공서적이 제나라로 갈 때, 살찐 말을 타고 가벼운 갖옷을 입었다. 내가 들은 바로는 군자는 남이 다급한 것은 도와주지만 부자에게 더 보태주지는 않는다 하였다."

—「옹야」6.4

子華使於齊, 冉子爲其母請粟. 子曰 : 與之釜. 請益. 曰 : 與之庾.
冉子與之粟五秉.
자화사어제 염자위기모청속 자왈 여지부 청익 왈 여지유 염자여지속오병

子曰 : 赤之適齊也, 乘肥馬, 衣輕裘. 吾聞之也, 君子周急不繼富.
자왈 적지적제야 승비마 의경구 오문지야 군자주급불계부

자해(字解)

① 자화子華 : 성은 공서公西, 이름은 적赤, 자화子華는 자. 노나라 사람으로 공자보다 42세 연하. 의식과 예법에 밝아 공자가 돌아가셨을 때 장의를 맡았다.

② 염자冉子 : 공자의 제자인 염유冉有, 자는 자유子有로 노나라의 정치가이다. 공자보다 29세 연하.

③ 부釜 : 고대 도량형의 단위로, 여섯 말斗 넉 되.

④ 청익請益 : 청請은 청하다, 요청하다. 익益은 더하다.

⑤ 유庾 : 고대 도량형의 단위로, 16斗.

⑥ 속오병粟五秉 : 속粟는 조, 곡식의 총칭, 벼, 찧지 아니한 곡식. 병秉은 고대 도량형의 단위로, 16 곡斛이 1병, 10두斗가 1곡. 1병은 160斗, 5병은 800두.

⑦ 적適 : 가다, 이르다, 도달하다. 왕往과 같음.

⑧ 의경衣輕裘 : '구裘'는 갖옷, '의경구衣輕裘'는 가벼운 갖옷을 입다.

⑨ 주급불계부周急不繼富 : '주周'는 '주賙'와 통용되며, '구제하다, 원조하다'는 뜻. '계繼'는 잇다, 이어 나가다, 불려 나가다. '주周'란 부족함을 보충하는 것이고, '계繼'는 부유함을 불려 나간다는 뜻이다.(周者補不足, 繼者 續有餘)

이 장은 공자의 "남이 다급한 것은 도와주지만 부자에게 더 보태주지는 않는다.(周急不繼富)"는 경제사상을 나타낸 것이다.

자화는 이름이 공서적公西赤으로, 공자의 제자이며, 나이는 공자보다 42세 어렸다. 한 번은 공서적이 제나라에 사신으로 파견되었는데, 공서적은 "살찐 말이 끄는 수레를 타고, 값진 가벼운 갖옷을 입고서(乘肥馬, 衣輕裘)" 호화롭게 갔다. 공자는 이때 아마도 노나라 사구司寇를 맡고 있었던 것 같다. 염유는 공서적의 학우로 집에 남아 있는 공서적의 모친을 대신해서 곡식 배급을 청구한 것이다. 그러나 염유는 공자의 의견을 듣지 않고 훨씬 더 많은 곡식을 주었다. 공자는 1유庾 즉 16두斗를 주라고 했는데, 염유는 자기 마음대로 50배나 많은 5병 즉 80석의 곡식을 주었다. 이것은 공자의 "군자는 남이 다급한 것은 도와주지만 부자에게 더 보태주지는 않는다."는 경제 원칙과는 크게 어긋나는 것이었다.

여기에서 우리 사회가 당면한 문제와 이슈들을 살펴보면, "군자는 남이 다급한 것은 도와주지만 부자에게 더 보태주지는 않는다.(周急不繼富)"는 공자의 경제사상을 되씹어 볼 필요가 있다. 이명박 정부가 당초 친기업을 표방하면서 대기업 규제를 완화했다. 이를 통해서 투자 확대와 경제성장을 기대했었는데, 오히려 대기업에 경제력이 집중되어 대기업의 영업이익은 늘어나고 있는데 중소기업들은 어려움에 처하는 경제 양극화 현상이 심화되었다.

　　이런 부분들은 기존의 대기업 정책들이 경제 상황들을 감안하지 않고 규제를 완화하다 보니까, 즉 '부자에게 더 보태준' 결과가 되어 대기업 계열사가 늘어나고, 대기업 쪽으로 경제력이 집중되고 결과적으로 '다급한' 서민 상권이 어려워지는 상황을 초래하게 된 것이다.

　　그래서 나타난 것이 바로 이 시대의 화두인 '경제민주화'이다.

　　최근 경제 양극화가 심화되고 대기업들의 트리클 다운Trickle Down[4), 이른바 낙수 효과가 전혀 나타나고 있지 않은 상황이다. 대기업들이 동반 성장을 한다고는 했지만 여전히 경제력이 대기업으로만 집중되고, 총수는 소수의 보유 지분으로 많은 계열사를 지배하면서 그 이익들이 대기업에게만 다시 돌아가는 현상이 벌어지고 있다. 이러한 경제 양극화와 대기업들의 경제력 집중과 같은 문제들을 해소하기 위해서 최근 '경제민주화'라는 요구가 나타나게 되었다. 중요한 것은 대기업 규제, 다시 말해 재벌 개혁이다. 재벌 개혁에는 여러 가지 내용들이 있지만 핵심은 공평한 게임을 하자

---

4) 대기업의 성장을 촉진하면 덩달아 중소기업과 소비자에게도 혜택이 돌아가 총체적으로 경기를 활성화시키게 된다는 경제 이론. 트리클 다운 정책, 트리클 다운 이론이라고도 한다. 우리말로는 적하정책滴下政策으로 번역된다. 말 그대로 '넘쳐흐르는 물이 바닥을 적신다'는 뜻이다. 미국의 제41대 대통령인 부시가 재임 중이던 1989년부터 1992년까지 채택한 경제정책이다. 정부가 투자 증대를 통해 대기업과 부유층의 부富를 먼저 늘려주면 중소기업과 소비자에게 혜택이 돌아감은 물론, 이것이 결국 총체적인 국가의 경기를 자극해 경제 발전과 국민 복지가 향상된다는 이론이다.

는 것이다.

여기에서 헌법에 명시된 경제민주화의 의미를 다시 음미해 보자.

헌법 제119조 ①항과 ②항의 조문에 다음과 같은 내용이 있다. 1항에는 "대한민국의 경제 질서는 개인과 기업의 경제상의 자유와 창의를 존중함을 기본으로 한다.", 그리고 2항에는 "국가는 균형 있는 국민경제의 성장 및 안정과 적정한 소득의 분배를 유지하고, 시장의 지배와 경제력의 남용을 방지하며, 경제주체 간의 조화를 통한 경제의 민주화를 위하여 경제에 관한 규제와 조정을 할 수 있다."

이러한 헌법 정신에 의거하여, 더 많은 경제주체들에게 경제 활동의 기회를 주고, 재벌 중심의 경제정책에서 재벌은 물론 중소기업과 자영업자까지 모두 혜택과 기회를 공정하게 제공하는 시스템을 만들고, 누구나 평등하게 법적 사회적 보호와 제약을 받는 시스템을 만들어 모든 경제주체들이 보다 넓은 기회를 보장받고 일부 특정 집단에 의해 경제력이 남용되거나 독점되지 않는 사회를 만들자는 것이 경제민주화의 의미이다.

군자다운 선비는 도덕 수양과 사회 체험을 겸비해야 한다

공자께서 자하[5]에게 말씀하셨다.

"너는 군자다운 선비가 되어야지, 소인적인 선비가 되어서는 아니 된다."

—「옹야」6.13

子謂子夏曰 : 女爲君子儒, 無爲小人儒.
자위자하왈 여위군자유 무위소인유

자해(字解)

① 여女 : 너, '여汝'와 같다.

② 군자유君子儒 : 수양이 된 선비 혹은 학자. '유儒'는 선비.

③ 소인유小人儒 : 수양이 모자란 선비 혹은 학자.

유儒란 무엇인가? 인류 사회에 필요한 사람이다. 그래서 '인人'자에 '수

---

5) 중국 춘추시대 사인士人. 자하는 자. 성은 복卜, 이름은 상商. 사과십철四科十哲의 문학에 꼽힌다. 그의 학문에 관해서는 『시서 詩序』와 『역전 易傳』을 저술했다고 하고, 공자로부터 『춘추』를 받았다. 예禮에 대해서 『예지 禮志』를 저술했고, 『의례상복 儀禮喪服』이 그의 저서라고 하는 등 여러 가지의 전송傳誦이 있으며, 공자의 제자 가운데에서 문헌의 전승과 해석에 공이 컸다.

需'자를 더하여 '유儒'가 된 것이다. 다시 말하면 '수인需人'은, 즉 인류 사회가 그를 필요로 한다는 뜻이다. 사회에서 없어서는 안 되는 사람이 바로 '유자儒者'이다. 공자는 여기에서 유儒를 두 부류로 구분했다. 즉 군자유君子儒와 소인유小人儒이다.

먼저 소인유小人儒란, 책을 많이 읽고 문장도 잘 쓰고 학문의 이치도 분명하나, 소위 글공부 외에는 어떤 큰일을 맡겼을 때 제대로 해내지 못하는, 이른바 "글만 할 줄 알았지."라는 책벌레를 말한다. 큰일을 해내려면 재지才智와 덕행과 학문의 세 가지를 겸비해야 하는 외에, 착실한 사회 경험을 필요로 한다. 만약 아무런 경험도 없이 단지 글만 알아서는 안 되는 것이다.

군자유君子儒란 바로 세상의 이치를 두루 통달하고, 글공부만이 아니라 사회 경험도 축적되어야 한다. 공자의 제자 자하子夏는 지식만을 중시하여 도덕 수양과 사회 체험을 소홀히 한 고로 공자가 이를 깨우쳐 주려 한 것이다.

君子學 21講

문채와 바탕이 잘 어울려야 군자이다

공자께서 말씀하셨다.

"바탕이 문채보다 두드러지면 질박하고, 문채가 바탕보다 두드러지면 진솔하지 못하니, 문채와 바탕이 잘 어울려야 군자이다."

—「옹야」6.18

子曰 : 質勝文則野, 文勝質則史, 文質彬彬, 然後君子.
자왈 질승문즉야 문승질즉사 문질빈빈 연후군자

 자해(字解)

① 질質 : 바탕, 타고난 성질이나 체질 또는 있는 그대로 꾸밈이 없음. 내재적인 본질.

② 승勝 : 이기다, 누르다, 능가하다, 낫다.

③ 문文 : 문채文采, 문식文飾. 여기서는 형식 또는 아름다운 외관을 뜻함.

④ 야野 : 질박하다. 겉치레를 아니 함.

⑤ 사史 : 화사하다, 장식이 있어 아름다움. 여기서는 진솔하지 못하다는 뜻.

⑥ 빈彬 : 빛나다, 문채와 바탕이 겸비하여 찬란함. '빈빈彬彬'은 문채와 바탕이 함께 잘 갖추어져 찬란한 모양.

⑦ 문질빈빈文質彬彬 : 사람이 문아文雅하고 질박質朴함을 형용한 것으로, 나중에는 인간됨이 문아文雅하고 예의禮儀가 바름을 지칭하는 뜻으로 사용되었다.

이 말은 공자의 미美와 미덕美德에 대한 이해를 나타낸 것이다. 공자는 바탕은 질박한 것으로 겉으로 드러나는 외관의 기초이며 또한 반드시 필요한 수식을 하여야 한다고 여겼다. 즉 외관의 수식과 내면의 수양이 적절히 어우러져야 한다는 것이다. 바탕과 문채가 적절히 조화된 문질빈빈文質彬彬이야말로 문명文明을 깨우친 군자가 지녀야 하는 풍모인 것이다.

공자가 군자의 학문을 중시한 데에는 또 하나의 중요한 이유가 있다. 이것은 바로 군자는 심후한 문화적인 깊이와 우아한 정신적인 기질을 구비해야 한다는 것이다. 바로 문채와 바탕이 잘 어울려야 한다는 것이다. 여기에서 '문文'은 문채로서 일종의 문화적인 품성을 가리키는 것으로 박학다식한 지식과 풍부한 학문은 이러한 품성의 구체적인 표현이다. '질質'이라고 하는 것은 질박한 것으로, 일종의 순박한 품질이다. 공자는, 군자가 되려면 반드시 이 두 종류의 품질을 적당히 조화되어야 함을 강조했다. 왜냐하면 순박한 품질에다 문화적 수양을 강화하지 않으면 '문채文采'가 결여되어 거칠어지기 쉬우며, 문화적인 품질만 있고 "예로써 절제約之以禮"하지 않으면 순박함을 잃어버리고 경박해진다. 그래서 군자는 '문文'과 '질質'이 적당히 조화됨으로써 순박함을 잃지 않고 심후한 문화적인 깊이의 우아한 기질을 나타낼 수가 있는 것이다.

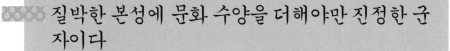

질박한 본성에 문화 수양을 더해야만 진정한 군자이다

극자성이 말했다. "군자는 바탕만 훌륭하면 그만이지, 문채는 어디에 쓰겠습니까?" 자공이 말했다. "애석하군요! 군자에 대한 당신의 말씀은, 네 마리 말이 끄는 수레도 혀를 따르지 못할 것이요. 문채도 바탕같이 중요하고, 바탕도 문채처럼 중요합니다. 호랑이와 표범의 털가죽이 개와 양의 털가죽과 같겠습니까?"

―「안연」12.8

棘子成曰 : 君子質而已矣, 何以文爲? 子貢曰 : 惜乎! 夫子之說君子也, 駟不及舌.
극자성왈 군자질이의 하이문위 자공왈 석호 부자지설군자야 사불급설

文猶質也, 質猶文也. 虎豹之鞟, 猶犬羊之鞟.
문유질야 질유문야 호표지곽 유견양지곽

자해(字解)

① 극자성棘子成 : 위나라 대부.
② 이이의而已矣 : ~ 일(할) 뿐이다. 일(할) 따름이다.
③ 부자夫子 : 대부를 존칭하여 부르는 말로 여기서는 극자성棘子成을 가리킴.
④ 사불급설駟不及舌 : 한 번 입 밖에 낸 말은 돌이킬 수 없다는 뜻. '사駟'는 말 네 필이 끄는 수레.

⑤ 유유猶 : 마치 ~와 같다.
⑥ 곽鞹 : 짐승의 몸에서 금방 벗겨낸 털가죽.

극자성棘子成이 당시 사람들이 너무 문식文飾을 숭상함을 염려하여 한 말이다. "군자란 몸가짐과 처신에 있어서 충신忠信과 실질적인 질박함이 있으면 되는 것이지, 무슨 문채文彩로서 외관을 아름답게 꾸밀 필요가 있겠는가?"

자공子貢은 이 의견에 반대하여, "애석한 일입니다. 군자에 대해 당신이 내린 정의는 옳지 않습니다."라고 반박하였다. 자공은 공자의 '문질빈빈文質彬彬'의 관점을 계승하여 본질과 문화 수양이 똑같이 중요하다는 점을 강조한 것이다. 질박한 본성은 그에 걸 맞는 문화 수양을 더해야만 비로소 진정한 군자가 될 수 있다는 것이다.

"네 마리 말이 끄는 수레도 혀를 따르지 못할 것이오.(駟不及舌)"라고 한 것은 "말이라는 것은 한 번 입으로 뱉으면 돌이킬 수 없는 것이므로 절대로 말을 함부로 해서는 안 됨"을 경계한 말이다.

자공은 후천적인 문화 수양과 선천적인 인간의 자질은 본래 같은 것이라 여겼다. 그래서 문文과 질質이 똑같이 중요하다고 한 것이다. 이는 본질이 훌륭한 다이아몬드 원석과 정밀한 세공이라는 문화적인 기술을 더해야만 훌륭한 명품 보석이 탄생하는 것과 같은 이치이다. "호랑이와 표범의 털가죽이 개와 양의 털가죽과 같겠습니까?"라고 한 것은, "호랑이나 표범 가죽은 개나 양의 가죽과는 짐승의 가죽이라는 점에서 다를 바가 없지만, 무늬가 좋고 나쁜 차이는 있다. 자공은 문文과 질質이 동등한 가치를 지니고 있다고 강조한 것으로, 「옹야」편의 "바탕이 문채文采보다 두드러지면 질박하고, 문채가 바탕보다 두드러지면 진솔하지 못하니, 문채와 바탕이 잘

어울려야 군자이다.(質勝文則野, 文勝質則史, 文質彬彬, 然後君子)"라고 한 말을 보충
설명한 것이다.

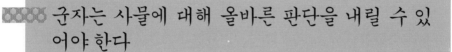

君子學 23講

군자는 사물에 대해 올바른 판단을 내릴 수 있어야 한다

재아가 물었다. "인자는 누가 그에게 '우물 속에 인이 있다'고 하면, 그 말을 좇아 우물로 들어가겠습니까?" 선생님께서 말씀하셨다. "어찌하여 그렇게 하겠느냐? 군자는 가게 할 수는 있으나 빠지게 할 수는 없으며, 속일 수는 있으나 사리를 분간 못하게 할 수는 없다."

―「옹야」6.26

宰我問曰：仁者, 雖告之曰：'井有仁焉', 其從之也? 子曰：何爲其然也?
재아문왈 인자 수고지왈 정유인언 기종지야 자왈 하위기연야

君子可逝也, 不可陷也. 可欺也, 不可罔也.
군자가서야 불가함야 가기야 불가망야

자해(字解)

① 재아宰我 : 자는 자아子我, 재여宰予라고도 함. 이름은 예豫. 노魯나라 사람. 공문십철孔門十哲의 한 사람, 자공子貢과 함께 변설辯舌로 유명함.
② 정유인언井有仁焉 : 우물 속에 인仁이 있다.
③ 서逝 : 가다. '왕往'의 뜻.
④ 함陷 : 빠지다, 떨어지다.
⑤ 기欺 : 속이다.

⑥ 망罔 : 속이다.

　재아는 낮잠을 자다가 공자로부터 호된 꾸중을 들은 제자로 널리 기억되고 있다. 뿐만 아니라, 재아에 관한 나머지 3개의 단편에서도 대개 그에 대한 이런저런 책망으로 되어 있다. 「팔일」편에서 그는 애공과 대화하면서 사직에 심는 나무와 국가의 운명 사이에 무슨 필연적인 인과관계가 있는 것인 양 설명했다가 공자로부터 크게 꾸지람을 들었다. 또 「양화」편에서 재아는 삼년상을 일년상으로 줄여야 한다는 의견을 내었다가 공자로부터 어질지 못하다는 평을 들었다. 꾸중만 듣던 재아의 반항적인 심리가 내포된 말인 즉, "인자仁者는 비록 우물 속에 인仁이 있다고 그에게 일러주더라도 그 말을 좇아 우물로 들어가겠습니까?"하고 물었던 것이다.

　재아의 이 질문은 결코 장난스럽지 않았으며, 그의 뜻은 이랬다. "선생님, 당신은 날마다 우리에게 인의 도덕을 중시하라고 가르치십니다만, 지금 세상은 참으로 어지럽고, 나쁜 사람도 매우 많습니다. 이럴 때 어떤 사람이 와서 우물 속에 도덕이 있다고 우리를 속이면, 우리는 우물 속으로 뛰어들어야 할까요?" 공자는 이 말에 대해 다음과 같이 대답했다. "너는 왜 그렇게 생각하느냐? 학문을 한 군자는 결코 멍청이가 아니어서 변화에 능동적으로 대처할 줄 알아야 한다." 군자는 임기응변에 능하여 사물에 대해 올바른 판단을 내릴 수 있어야 한다는 것이다. 군자는 비록 살신성인할 수 있지만, 사리에 맞지 않는 일로써 현혹시키려 하면 속일 수가 없다는 것이다.

　"속일 수는 있으나 사리를 분간 못하게 할 수는 없다.(可欺也, 不可罔也)" 이 말은 누가 면전에서 자신을 속이더라도 속아주는 것이 인仁이라는 것이다. 그러나 꾸어다 놓은 보릿자루마냥 멍청하게 있거나, 불만스럽지만 그대로 따르거나, 스스로 아무것도 모르면 안 된다는 것이다.

결론적으로 군자는 인의仁義를 중시해야 하며, 인의로써 행동의 근거를 삼으면 "빠지게 할 수 없으며(不可陷也), 사리를 분간 못하게 할 수 없다.(不可罔也)"는 것이다. 이는 공자가 일관되게 주장한 학문의 핵심으로, 군자에게는 쉽게 흔들리지 않는 확고한 사상과 원칙이 있어야 한다는 뜻이다.

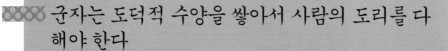

君子學 24講

군자는 도덕적 수양을 쌓아서 사람의 도리를 다 해야 한다

선생님께서 말씀하셨다.

"군자가 학문을 널리 배우고 예로써 단속한다면 또한 어긋나지 않게 될 것이다."

— 「옹야」 6.27

子曰 : 君子博學於文, 約之以禮, 亦可以弗畔矣夫!
자왈 군자박학어문 약지이례 역가이불반의부

자해(字解)

① 문文 : 문화적인 모든 일을 가리킴.
② 약約 : 자기의 몸가짐을 단속하는 것.
③ 불반의부 弗畔矣夫 : '불반 弗畔'은 도에 어긋나지 않다. '불 弗'은 아니다, '불 不' 보다 뜻이 강함. '반 畔'은 배반하다, '반 叛'과 통용. '의부 矣夫'는 뜻을 강조하는 어기조사.

공자는 여기에서 인덕을 추구하는 구체적인 방법을 제시했다. 어떻게 해야 도道에 어긋나지 않을 것인가? 공자는 두 가지 방법을 제시했는데, 바로 "학문을 널리 배우라.(博學於文)"는 것과 "예로써 단속하라(約之以禮)"는

것이다. "학문을 널리 배우라.(博學於文)"는 말에서 문文은 시서詩書, 육예六藝
등 일체의 학술 문화를 의미한다. 그러한 문文을 통하여 정조情操를 도야하
고 도덕적인 수양을 쌓으라는 것이다. "예로써 단속하라(約之以禮)"는 말에
서 '예'는 일반적인 예법이 아니라 『예기禮記』 속에 포함된 문화 정신을 가
리킨다. 당연한 도리로써 사람됨과 처세에 임해야 함을 말한 것이다. "예
로써 단속하는(約之以禮)" 지극한 경지가 바로 '종심소욕불유구(從心所欲不逾矩)'
이다. 공자는 일흔에 "마음이 하고자 하는 대로 따라도 법도를 넘어서지
않게 되었다." 이는 공자 만년의 생활을 개괄한 것으로, 겉으로는 방종하
고 아무런 구속이 없는 것처럼 보이지만 실제로는 절제되고 규율에 벗어
남이 없이 자유자재自由自在한 경지에 이르렀다는 말이다. 낙천적이면서도
엄숙함이 배어 있다.

그러면 예라는 것은 무엇인가? 예란 불변의 진리이자 당연한 도리로
서 그 포함하는 범위가 아주 넓다. 여기에는 세상의 질서를 유지하는 요소
가 갖추어져 있는데, 크게 셋으로 나눌 수 있다. 첫째는 정치상의 법칙 제
도이며, 둘째는 의식을 주로 하는 혼의婚儀 등의 예이며, 셋째는 각 계급 또
는 대등한 사이에 자기의 본분을 지키고 남을 범하지 않는 행동, 즉 예의禮
儀의 예이다.

예는 모두 성문으로 규정지은 것이지만, 이 세 번째 예의의 예는 꼭 성
문한 것이 아니면서도 행동에 과불급過不及이 없도록 표준을 세워서 그 옳
고 그른 것을 논한 것이 적지 않으니, 이것이 바로 극기복례克己復禮 등이다.
인간은 무리지어 함께 살아가며, 그리하여 집단을 이루어 각자가 그 집단
에 의지해서 삶을 영위하는 것이다. 여기에서 집단과 집단과의 사이에 대
소, 강약의 구별이 생기게 되고, 통치자와 피통치자의 관계가 생겨나면서
계급이 발생하는 것 또한 자연스러운 역사의 흐름이다. 모든 계급이 각각

그 신분에 따라서 자기의 본분을 지키고 남을 범하지 않으면서 상생하고자 하는 것 역시 상리常理일 것이다. 성인聖人은 그 정세와 상리에 기본을 두고 풍토와 기후를 참작하여 교제상의 규범을 정하여 이것으로 다툼과 갈등을 없애고 사회를 제도화하려고 하였는데, 이것을 예라고 하는 것이다. 그러므로 사람이 신명과 조상에 대해서 공경한 마음으로 섬기게 되며, 대소·강약·군신·부자·장유·귀천 사이에는 모두 일정한 법도가 있어서 서로 범하는 일이 없게 되는 것이다. 공자의 예에 대한 존중은 예의 정신에 대한 존중이었다.

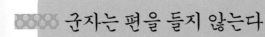

군자는 편을 들지 않는다

진나라의 사패가 물었다. "소공은 예를 압니까?" 공자께서 말씀하셨다.

"예를 압니다."

공자가 물러가자, 무마기에게 읍하고 다가가서 말했다.

"내가 듣기로 군자는 편을 들지 않는다고 하였는데, 군자도 편을 드는가

요? 노나라 임금이 오나라에서 부인을 맞았는데 동성이라 오맹자라 불렀

습니다. 그런 임금이 예를 안다면 누가 예를 모르겠습니까?"

무마기가 이 말을 아뢰자, 선생님께서 말씀하셨다.

"나는 행복하구나. 잘못이 있으면 사람들이 꼭 지적해 주니 말이다."

—「술이」7.31

陳司敗問：昭公知禮乎? 孔子曰：知禮. 孔子退. 揖巫馬期而進之
曰：吾聞君子不黨,
진사패문 소공지례호 공자왈 지례 공자퇴 읍무마기이진지왈 오문군자부당

君子亦黨乎? 君取於吳爲同姓, 謂之吳孟子. 君而知禮, 孰不知
禮? 巫馬期以告.
군자역당호 군취어오위동성 위지오맹자 군이지례 숙부지례 무마기이고

子曰：丘也幸, 苟有過, 人必知之.
자왈 구야행 구유과 인필지지

자해(字解)

① 진사패陳司敗 : 진陳나라는 하남성 동남쪽 회양현淮陽縣에 있는 작은 나라. 사패司敗는 관직명으로 바로 '사구司寇'이며, 오늘날의 사법행정을 관장하는 장관에 해당한다.
② 소공昭公 : 노나라 임금, 성은 희姬, 이름은 조稠.
③ 무마기巫馬期 : 공자의 제자, 성은 무마巫馬, 이름은 시施, 호는 자기子期로 공자보다 30세 연하.
④ 당黨 : 도우다, 편을 들다, 서로 도와 나쁜 짓을 숨기다.
⑤ 취어오取於吳 : 오나라에서 부인을 맞아들이다. '취取'는 '장가들다, 아내를 맞다'의 '취娶'와 같음.
⑥ 위동성爲同姓 : 성이 같다. 노나라는 주공周公의 후예로 성姓이 희姬, 오나라는 태백太伯의 후예로 역시 성姓이 희姬.
⑦ 오맹자吳孟子 : 춘추시대 임금 부인의 호칭은 일반적으로 태어나고 자란 나라의 이름에 성씨를 붙인다. 그래서 오맹자를 오희吳姬라 해야 마땅하다. 그러나 동성同姓 간에 혼인하지 않는다는 주나라의 예법에 어긋나기 때문에 오맹자로 바꿔 불렀다. 맹자孟子는 이 부인의 자字라는 설도 있으며, 맏딸이라는 뜻도 있다.
⑧ 구苟 : 참으로, 진실로.

진나라의 사패가 진나라를 방문한 공자에게 "노나라 소공이 예를 압니까?"라고 질문했는데, 이는 외교적인 방문과 교류에 있어서 흔히 있을 수 있는 질문이다. 공자는 소공이 예를 안다고 대답했다. "집안의 불미스러운 일을 밖으로 드러내지 않는다.(家丑不能外泄)"라는 중국어 속담에도 있듯이 노나라 소공에 대해서 예를 모른다고 공자가 말하기는 어려웠을 것이다.

공자가 자리를 뜬 뒤에 진사패는 공자의 제자 무마기에게 인사하며 다가가 말했다. "내가 아는 바로는 진정으로 훌륭한 군자는 한쪽 편을 드는 일이 없고, 사심을 가지지 않습니다. 공자께서는 대성인으로 훌륭한 군자지만, 그도 사심을 떠날 수 없는 모양이군요. 소공이 오나라 여자를 부인으로 맞아들여 오맹자라 하였는데, 고대에는 같은 성씨끼리 결혼하지 않았습니다. 오나라는 태백泰伯의 후예로 성씨가 희姬이며, 노나라는 주공周公의 후예로 성씨가 역시 희姬입니다. 예법대로라면 동성同姓이라 혼인을 할 수 없습니다. 그런데도 소공이 그렇게 했기에, 내가 공자에게 '소공은 예를 압니까?'라고 물어 보았는데, 공자께서는 그가 예를 안다고 답했습니다. 소공이 예를 안다면, 누가 예를 모른다 하겠습니까?"

주나라 예법에서는 동성 간의 결혼을 금지하였다.

여기에서 이야기하고자 하는 것은 "군자는 편을 들지 않는다.(君子不黨)"는 것이다. 잘못인 줄 알면서도 일방적으로 한쪽 편을 드는 것은 군자의 행위가 아니라는 것이다. 그러한 부류와 사람들을 오늘날 너무나 쉽게 찾아볼 수 있다. 직업군으로 우선 변호사를 들 수 있다. 피변호인이 무조건 죄가 없다고 우기는 것이 바로 그것이다. 이는 현대 사회의 제도적인 문제이긴 하지만, 군자라는 개념에서 보면 뭔가 미흡하다고 할 수 있다. 국회의원들 역시 이 부류에 속한다고 할 수 있다. 사리사욕을 앞세우고 제 식구 감싸면서 편을 드는 데는 아주 활발하다.

'한쪽 편을 들지 않는' 대표적인 예가 바로 황희 정승에 관한 일화이다. 양쪽 편을 모두 들어주니까 시시비비가 자연스레 해결되는 것이다. 세상사 시비를 논하면 여러 가지 이유로 우리는 한쪽의 입장만을 듣게 된다. 한쪽 편만을 들지 않고 사심 없이 공과 사의 구분을 엄격하게 하는 것이 군자의 행위 양식이다.

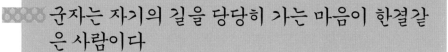

君子學 26講

**군자는 자기의 길을 당당히 가는 마음이 한결같
은 사람이다**

선생님께서 말씀하셨다.

"성인을 내 만나 볼 수 없으니, 군자라도 만나볼 수 있었으면 좋겠다."

선생님께서 말씀하셨다.

"선인을 내 만나볼 수 없으니 마음이 한결같은 사람이라도 만나볼 수 있었
으면 좋겠다. 없으면서 있는 체하고, 비어 있으면서 가득한 체하고, 가난
하면서도 부유한 체하니, 항심이 있기가 어렵다."

—「술이」7.26

子曰：聖人, 吾不得而見之矣, 得見君子者, 斯可矣. 子曰：善人,
자왈 성인 오부득이견지의 득견군자자 사가의 자왈 선인

吾不得而見之矣, 得見有恒者, 斯可矣.
오부득이견지의 득견유항자 사가의

亡而爲有, 虛而爲盈, 約而爲泰, 難乎有恒矣.
무이위유 허이위영 약이위태 난호유항의

자해(字解)

① 유항자有恒者 : 마음이 한결같은 사람. '항恒'은 항상, 늘 변하지 않고 그렇게 함.

② 무이위유亡而爲有 : 없으면서 있는 체하다. '무亡'은 없다, '무無'와 같은 자.

③ 허이위영虛而爲盈 : 비어 있으면서 가득한 체하다.

④ 약이위태 約而爲泰 : 빈곤하면서도 부유한 체하다. '약'은 빈곤하다. '태泰'는 풍요롭다.

　공자가 생각하는 이상적인 인간상은 요堯[6], 순舜[7], 문왕文王[8], 주왕周王[9] 등의 성인이다. 고대의 성인들은 이미 이 세상에 없으니 만나볼 수가 없다. 그러나 성인이 가르친 도를 따라 배우면 충분히 군자라고 할 수 있으니, 그런 사람이라도 볼 수 있다면 좋겠다는 것이다. 당시의 시대가 변란의 시대여서 공자가 지식인으로서의 사명감에서 사회를 교화하여 바로잡으려 하는 심모원려를 엿볼 수 있다. 그 당시 진정으로 군자라 할 만한 사람마저도 흔치 않았음을 알 수 있다. 진정한 선인善人이 과거에는 있었지만 이제는 없다. 세상이 아무리 변하여도 사상의 중심이 확립되어 자기의 길

---

6) 중국 상고시대 전설상의 임금. 요를 이은 순舜과 함께 요순의 치(治)라 하여 옛 중국에서는 가장 이상적인 천자상天子像으로 알려져 왔다. 『사기』에 의하면 요의 성은 도당陶唐, 이름은 방훈 放勳이며, 오제 伍帝의 하나인 제곡의 손자라 했다. 『서경 書經』에는 맨 처음 올라 있으며, 그의 사적도 신화적이기보다는 합리적으로 기록되어 있다. 그는 태어나면서부터 총명했고 제위에 올라서는 일월성신日月星辰을 관측하여 달력을 만들었으며, 홍수를 다스리기 위해 순舜을 기용했으며, 마침내 순에게 왕위를 물려주었다고 한다.

7) 성은 우虞 또는 유우有虞, 이름 중화重華. 유덕한 성인으로 선양禪讓 설화의 대표적 인물이며 요堯·우禹와 병칭되고 있다. 『사기』「오제본기伍帝本紀」에 의하면, 순은 전욱顓頊의 6세손으로 아버지는 시각장애인이었고, 계모와 이복동생의 미움을 사 여러 차례 살해당할 뻔했던 사건들을 슬기롭게 극복하고 효행의 도를 다했다고 한다. 당시 천자天子 요는 순의 평판을 듣고 자기 딸을 순에게 출가시켜 등용했다. 순의 치적이 훌륭했으므로 섭정하게 했으며, 요가 죽자 요의 아들 단주丹朱를 즉위시키려 했으나, 천하의 인심이 순에게 기울어졌기 때문에 마침내 순이 제위에 올랐다.

8) 계왕季王의 아들, 무왕의 아버지. 상나라에서 크게 덕을 베풀고 점차 인근 적국들을 격파하였다. 만년에는 위수渭水에서 만난 태공망 太公望의 도움을 받아 덕치에 힘썼다. 상나라와는 화평 정책을 취하였으며, 이웃 두 나라의 분쟁을 중재하여 제후들의 신뢰를 얻어 천하 제후의 대다수가 그를 따랐다. 죽은 뒤 그의 아들 무왕이 상나라를 멸망시키고 주나라를 창건하였으며, 그에게 문왕이라는 시호를 추존하였다.

9) 이름은 단旦. 주왕조를 세운 문왕文王의 아들이며 무왕武王의 동생. 무왕과 무왕의 아들 성왕成王을 도와 주왕조의 기초를 확립하였다. 무왕이 죽은 뒤 나이 어린 성왕이 제위에 오르자 섭정이 되었는데, 당시 상족商族을 이끌고 있던 주왕紂王의 아들 무경武庚 등이 동이東夷와 결탁하여 대반란을 일으켰다. 주공은 소공召公과 협력하여 이 난을 진압하고 다시 동방을 원정하여 낙양洛陽 부근 낙읍洛邑에 진을 설치하였다.
주공은 상족을 회유하기 위하여 상商의 옛 도읍지에 주왕紂王의 형 미자계微子啓를 봉하여 송宋나라라 칭하고, 아들 백금伯禽을 노나라에 봉건하는 등 주왕실의 일족과 공신들을 중원의 요지에 배치하여 주周 왕실을 공고히 하였다. 한편, 예악禮樂과 법도法度를 제정하여 특유의 문물제도를 창시하였다. 그는 중국 고대의 정치, 사상, 문화 등 다방면에 걸쳐 크게 공헌하여 성인으로 존숭되고 있다.

을 당당히 가는 마음이 한결같은 사람만이라도 볼 수 있다면 좋겠다는 공자의 넋두리이다.

그 아래 문단에서는 당시의 사회현상을 지적한 것이다. "없으면서 있는 체한다.(亡而爲有)"는 말은 근본이 비어 아무것도 없으면서 허세만 부리고 자신이 대단한 학문이 있는 척한다는 것이다. 예나 지금이나 항상 없으면서 있는 척, 모르면서 아는 척하는 문화가 만연한 사회는 건강한 사회가 아니다.

"텅 비어 있으면서 가득한 체한다.(虛而爲盈)"는 말은 올바른 사상이나 생각이 없으면서 아는 척 자만하여 스스로 옳다고 여기는 사람을 경계한 말이다. 돈 좀 있다고 예의나 인의 같은 덕성이 높은 양 으스대는 사람의 오만을 지적하는 말이기도 하다.

"가난하면서도 부유한 체한다.(約而爲泰)"는 말에서 '약約'자를 검약하다로 해석하여 "검약해야 하는데도 겉치레를 한다."는 뜻으로 해석하기도 하는데, 오히려 "가난하면서도 부유한 체한다."는 것보다 실제적인 해석이라 할 수 있다. 빈곤하여 검약하고 절약해야 함에도 불구하고 사치스럽게 아끼지 않고 소비를 일삼는다는 뜻이다. 소형차를 타는 것이 바람직한데도 중대형차를 몰고, 20평형대의 아파트에 사는 것이 마땅한 데도 3~40평형대의 아파트를 고집하는 것이 이와 같다고 할 수 있다. 체면치레와 겉치레보다는 좀 더 현실적이고 실용적인 것을 강조한 말이다.

위의 세 가지 유형 가운데 어느 한 부류도 항심을 가지고 학문 도덕을 향해 노력하는 사람은 없을 것이다. 이미 심리적으로 건강하지 않기 때문이다. 이는 개인의 병폐이자 사회의 병폐이다. 공자 시대에도 그랬고, 지금도 그렇다. 한결같은 마음으로 학문에 매진하는 것이 참으로 중요하다. 학문에 어느 정도 성취가 있으면 가만히 있어도 무언가 있어 보이고, 인덕이 우러나 보이고, 빈곤해도 안빈낙도安貧樂道 할 수 있어 굳이 겉치레할 필요가 없어지는 것이다.

군자는 마음이 평탄하고 너그럽다

공자께서 말씀하셨다.

"군자는 마음이 평탄하고 너그러우며, 소인은 마음에 항상 근심이 가득하다."

—「술이」7.37

子曰 : 君子坦蕩蕩, 小人長戚戚.
자왈 군자탄탕탕 소인장척척

자해(字解)

① 탄坦 : 평탄함, 너그럽다.
② 탕蕩 : 크다, 넓다. '탕탕蕩蕩'은 넓고 광대한 모양.
③ 장長 : 늘, 항상.
④ 척戚 : 근심하다. '척척戚戚'은 근심하는 모양.

　　공자는 군자와 소인의 두 가지 서로 대비되는 심리 상태로써 양자의 특징을 표현했다. 도덕으로 수양이 된 군자는 마음이 광명정대하여 근심거리를 만들지 않는다. 그러나 소인은 그 마음이 사리사욕에 따라 쉴 새 없이 흔들리며, 그로 인하여 항상 근심이 가득하여 즐겁지 못하다.

안회顏回[10]는 "한 대그릇의 밥과 한 표주박의 물에 누추한 거리에 살아도 즐거움이 줄어들지 않았다.(一簞食, 一瓢飮, 在陋巷, 人不堪其憂, 回也不改其樂)"고 한다. 군자는 부귀나 빈곤으로 인해 그 본 마음이 흔들리지 않으니, 이러한 품격은 고상하다. 이러한 품격과 행위규범은 실천하기가 쉬운 일이 아니다. 의연하게 안빈낙도 하는 모습이 바로 "평탄하고 너그러운(坦蕩蕩)" 마음인 것이다. 공자는 또한 "의롭지 않은 부귀는 나에게 있어 뜬 구름과 같다(不義而富且貴, 于我如浮云)"는 말로 부귀에 대한 자신의 태도를 밝혔는데, 이는 물질에 대한 탐심을 내지 않는다는 의미이다. 분수를 알고 자족할 줄 알며, 군자의 세 가지 도인 인자불우, 지자불혹, 용자불구의 경지에 들면 그 마음이 항상 평탄하고 너그러워진다. 이는 바로 군자의 내적 품덕의 외적인 표현이다.

사람의 도덕 수양이 "마음이 평탄하고 너그러운(坦蕩蕩)" 경지에 이르려면 어느 정도까지 되어야 할까? "천하를 헌신짝처럼 버리고, 국무총리 장관 자리마저 마다하는" 정도까지 이르러야 한다. 도덕을 위하여, 자기 평생의 신앙을 위하여, 그리고 인격을 고양하기 위하여 부귀공명도 마다할 수 있어야 한다. "평양 감사도 제 하기 싫으면 그만인 정도", 바로 이 정도가 되면 자연히 "마음이 평탄하고 너그러운" 경지에 이르게 될 것이다. 증자는 "남에게 구하는 자는 남을 두려워한다.(求於人者畏於人)"고 말했다. 남에게 요구하는 바가 있으면 남을 두려워할 수밖에 없다. 마음속에 원하는 것이 있으면 행동이 자연스럽지 못한 것이다. 이른바 "사람이 구함이 없으면 품격이 스스로 높아진다.(人到無求品自高)"고 할 수 있는 것이다.

---

10) 자가 자연子淵. 이름은 회回. 춘추시대 노나라 사람으로, 공자의 수제자이다. 안연顏淵이라고도 한다. 덕행과德行科의 필두로 꼽히는 공자 문하 제일의 현자이다. 공자는 인을 최고의 덕목으로 여기고, 그때의 사람들을 평하여 인자라고 인정한 일이 없었는데, 안회에 대해서는 "안회만은 3개월이나 인의 마음을 계속 유지할 수 있다"라고 유일하게 인자로 인정했고, 또 "제자 중에서 학문을 좋아한다고 말할 수 있는 사람은 회뿐이다"라고도 했다. 평생 부귀와 권세를 좇지 않아 매우 가난했으나, 도를 즐겼다. 공자보다 30세 연하라고 하며, 안회가 죽었을 때 공자는 매우 슬퍼했다고 한다. 안회는 공자 문하에서 은자였기 때문에, 도가에서도 현인으로 추대하고 삼국시대의 위魏나라 이후 석전제 釋奠祭에서도 공자와 함께 받들어지고 있다.

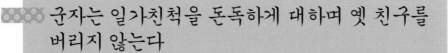

군자는 일가친척을 돈독하게 대하며 옛 친구를 버리지 않는다

선생님께서 말씀하셨다.

"공손하나 예의가 없으면 수고롭게 되고, 신중하나 예의가 없으면 두려워하게 되고, 용감하나 예의가 없으면 난폭하게 되고, 강직하나 예의가 없으면 박절하게 된다. 군자가 일가친척에게 돈독하게 대하면 백성들 사이에 인의 기풍이 일어나고, 옛 친구를 버리지 않으면 백성들이 각박해지지 않는다."

—「태백」8.2

子曰：恭而無禮則勞, 慎而無禮則葸, 勇而無禮則亂,
자왈 공이무례즉로 신이무례즉사 용이무례즉란

直而無禮則絞. 君子篤於親, 則民興於仁. 故舊不遺, 則民不偸.
직이무례즉교 군자독어친 즉민흥어인 고구불유 즉민불투

자해(字解)

① 로勞 : 수고하다, 고달프다, 괴로워하다.
② 사葸 : 두려워하다.
③ 란亂 : 어지럽히다. 난리나 폭동 등으로 세상이 시끄러움.
④ 교絞 : 목매다, 묶다, 결박하다, 박절하다.

⑤ 독篤 : 도탑다, 돈독하다, 인정이 많다.
⑥ 고구故舊 : 옛 친구.
⑦ 투偸 : 훔치다, 인정이 경박하다.

　공손하고 신중하고 용감하고 강직한 것은 모두 사람의 미덕으로서 각기 좋은 개성이다. 그렇지만 반드시 문화 교육을 통해서 중화中和해야 한다. 그 문화 교육 가운데 대표적인 것이 바로 예이다. 예로써 절제하지 않으면 그 폐단으로 말미암아 왕왕 남을 해하고 자기를 상하게 한다. 여기에서 예는 예절을 가리키는 것이 아니라, 내재적인 예의 정신을 의미한다. 지나치게 공손한 태도는 사람들에게 겸손하게도 보이지만, 비굴하거나 아첨하는 듯 보여 오히려 남에게 무시당하며 그로 인하여 고달프게 느껴질 수도 있다. 또한 신중함이 지나치면 앞뒤를 너무 재고 사사건건 조심스러워 한 발짝도 제대로 나아가지 못하게 되며, 그로 인해 매사를 두려워하게 된다. 두려움 없이 무작정 용감한 것은 방자하게 행동하게 되어 세상을 어지럽히니 좋은 결말을 얻기 어렵다. 개성이 곧고 숨김이 없이 솔직하여 거리낌 없이 말을 쏟아내면, 그 가혹하고 각박한 말이 남을 다치게 하거나 마음에 상처를 주며 그로 인한 오해로 서로 싸우게 된다. 지나치게 곧으면 때로는 일을 이루지 못할 뿐 아니라, 도리어 일을 그르치게 된다. 그야말로 예로써 절제하고 자세를 가다듬지 않으면, 그 결과는 본래의 뜻과는 어긋나게 된다는 뜻이다.

　공자는 "군자가 일가친척에게 돈독하게 대하면 백성들 사이에 인의 기풍이 일어난다(君子篤於親, 則民興於仁)"고 말했다. 사람이 자기 부모, 형제, 자매, 친지들에게 대해 진실한 감정이 없고 친근한 정이 도탑지 못하면서, 천하를 사랑하고 국가를 사랑하고 사회를 사랑한다는 것은 불가능하다고 할 수 있다. 그래서 『대학』에서는 수신修身, 제가齊家, 치국治國, 평천하平天下라고 한 것이다. 가족 친지를 친근하게 대하는 의로움으로부터 출발하면, 사회 기풍이 어질고 은혜로워져 사람마다 서로 사랑하게 된다는 것이다.

공자는 또 "옛 친구를 버리지 않으면 백성들이 각박해지지 않는다.(故舊不遺, 則民不偸)"고 했다. 사람과 사람 사이의 옛 인연들을 소중히 여기라는 말이다. 은혜를 저버리지 말라는 뜻이기도 하다. 오래도록 함께 일을 한 부하 직원, 보좌진, 권속들을 헌신짝 버리듯 하루아침에 내치면, 그들의 생계가 막막해지는데 어찌 세상의 인심이 각박해지지 않겠는가? 각박해진 인심이 부메랑이 되어 돌아오는 현상들을 현실에서 심심찮게 볼 수 있다. 그러한 살벌한 현실을 연출하는 자들은 바로 검찰청 포토 라인에 줄서는 불인不仁하고 불의不義한 일부 정치인과 경제인들이다.

군자는 관용과 포용으로 남을 배려하는 마음을 지녀야 하며, "내가 하기 싫은 일을 남에게 시키지 않는다.(己所不欲, 勿施於人)" 그것이 바로 나를 위하고 남도 위하는 인자애인仁者愛人의 정신이다.

군자는 몸가짐에 오만함을 멀리한다

증자가 병이 나서 맹경자가 문병을 가니, 증자가 말하였다.

"새가 죽을 때는 그 울음소리가 애처롭고, 사람이 죽을 때는 그 말이 착합니다. 군자가 소중히 여기는 도가 세 가지 있으니, 몸가짐에 난폭함과 오만함을 멀리 하는 것, 표정을 바르게 하여 신의에 가까이 하는 것, 말을 할 때는 천박함과 이치에 어긋남을 멀리 하는 것입니다. 제기를 다루는 일은 유사(有司)에게 맡기면 됩니다."

—「태백」8.4

曾子有疾, 孟敬子問之. 曾子言曰 : 鳥之將死, 其鳴也哀. 人之將死, 其言也善. 君子所貴乎道者三.
증자유질 맹경자문지 증자언왈 조지장사 기명야애 인지장사 기언야선 군자소귀호도자삼

動容貌, 斯遠暴慢矣. 正顔色, 斯近信矣. 出辭氣, 斯遠鄙倍矣. 籩豆之事, 則有司存.
동용모 사원포만의 정안색 사근신의 출사기 사원비배의 변두지사 즉유사존

자해(字解)

① 유질有疾 : 병이 들다.
② 군자소귀호도君子所貴乎道 : 군자가 소중히 여기는 도. 여기에서 군자는 위정자를 가리킨다.
③ 용모容貌 : 몸가짐, 일신의 자태.

④ 포만暴慢 : 난폭함, 조야한 행위.

⑤ 사기辭氣 : 언사, 기氣는 말에 담긴 감정, 기운.

⑥ 비배鄙偕 : 비루하고 이치에 어긋나다.

⑦ 변두籩豆 : 변籩은 제기 이름으로 대나무로 만들며 굽이 높고 뚜껑이 있으며 과실이나 육을 담는 데 쓴다. 두豆는 제기 이름, 나무로 만들어 탕 같은 국물 있는 것을 담는다.

⑧ 유사有司 : 전통 사회의 자생적 모임이나 단체에서 사무를 맡은 직책의 이름. 소임所任이라고도 한다. 향교·서원·이정里政이나 동계洞契·혼상계婚喪契·두레 등의 각종 모임에서 연락·회계·문서 작성 등의 사무를 맡았다.

증자의 병이 위독하다는 말을 듣고 노나라의 대부 맹경자가 문병을 갔다. 죽음에 임박한 증자는 맹경자에게 마지막으로 간언을 한다. "새가 죽을 때는 그 울음소리가 애처롭고, 사람이 죽을 때는 그 말이 착합니다.(鳥之將死, 其鳴也哀; 人之將死, 其言也善)" 증자는 죽기 전에 맹경자에게 중요한 가르침을 남기려 한다. "나는 이제 죽습니다. 나는 이제 마지막 말을 엄숙하게 당신에게 남기는 것이니 잘 듣기 바랍니다." 그런 다음 맹경자에게 '군자가 소중히 여기는 도道 세 가지'를 언급한 것이다. 여기서의 '도道'는 유가의 인생의 도리를 뜻한다.

첫째는 "몸가짐에 난폭함과 오만함을 멀리 하는 것(動容貌, 斯遠暴慢矣)"이다. 사람의 몸가짐과 풍모는 학문과 수양을 통해서 서서히 형성되는 것이다. 학문과 수양을 통해서 거칠고 오만한 기운을 겸손하고 평안한 기질로 바꿀 수 있다.

둘째는 "표정을 바르게 하여 신의에 가까이 하는 것(正顏色, 斯近信矣)"이다. '안색顏色'은 곧 표정으로, 이는 타인에 대한 태도이며 그 사람의 마음이 고스란히 드러난다. 중년 이후에 자기 얼굴에 책임지라는 말이 바로 이에 해당한다. 평소의 수양과 학문이 얼굴에 그대로 드러난다는 것이다. 바꾸어 말하면 얼굴에서 그 사람의 인품과 수양을 알아볼 수 있다는 뜻이다.

셋째는 "말을 할 때는 천박함과 이치에 어긋남을 멀리 하는 것(出辭氣, 斯遠鄙倍矣)"인데, '출사기出辭氣'란 말은 바르게 잘 하는 것을 뜻한다. 말에는 말하는 사람의 학문 수양이 자연스레 드러나는 법이다. 천박하고 이치에 어긋나는 억지의 말을 삼가라는 것이다. 언제나 몸가짐과 표정과 말을 예禮로써 단속하고 삼가는 것이 군자가 소중히 여겨야 할 도道이다.

증자는 마지막에 덧붙여 "제기를 다루는 일은 유사에게 맡기면 된다.(籩豆之事, 則有司存)"고 말한다. 변두籩豆는 고대의 제기祭器로 이 구절에서는 정치의 뜻을 나타낸다. 정치는 정치하는 사람에게 맡겨두면 된다는 뜻이다. 증자는 맹경자에게 사람됨을 중시해서 내심의 기본적인 도덕 수양을 하라고 요구했던 것이다. 학문과 도덕 수양이 깊어진 다음에 정치에 종사하든 다른 일을 하든 바르고 순조롭게 할 수 있다는 뜻이다. 이것은 기본적인 수양의 문제이지 기술적인 문제가 아니며, 기술적인 문제는 전문가에게 맡기면 된다는 것이다.

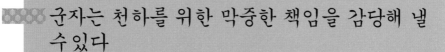

君子學 30講

군자는 천하를 위한 막중한 책임을 감당해 낼
수 있다

증자가 말하였다.

"어린 고아를 맡길 수 있고, 사방 백 리 되는 나라의 운명을 맡길 수 있고,

중대사에 임해서는 그의 뜻을 빼앗을 수 없다면, 이런 사람은 군자인가?

군자이다!"

—「태백」8.6

曾子曰 : 可以托六尺之孤, 可以寄百里之命, 臨大節而不可奪也.
君子人與? 君子人也!
증자왈 가이탁육척지고 가이기백리지명 임대절이불가탈야 군자인여 군자인야

자해(字解)

① 탁托 : 맡기다, 위탁하다.
② 육척지고六尺之孤 : 15세 이하의 아비를 여읜 아이. 여기서는 어린 나이에 위位에 오르는 임금을
   의미한다.
③ 기寄 : 맡기다, 부탁하다, 위임하다.
④ 백리지명百里之命 : 사방 백 리가 되는 제후국의 운명.
⑤ 대절大節 : 큰 사건, 국가의 존망, 일신의 생사가 매인 위급한 상황.

증자는 군자의 기준을 제시했다. 사람의 학문 수양이 친구지간에 "어린 고아를 맡길 수 있는(可以托六尺之孤)", 즉 자식을 믿고 맡길 수 있는 정도까지의 인의仁義를 갖추어야 함을 강조했다. 탁고託孤는 어린 임금을 보좌한다는 뜻으로, 주공周公이 어린 조카인 성왕成王을 보좌한 것을 언급한 것이다. 여기에 말하고자 하는 것은 의로움이다. 어린 임금의 왕위를 찬탈하지 않고 국정을 농단하지 않고 의義로서 보필하여 국정의 안정을 이루는 행위를 말한 것이다. 이는 군자는 "의를 바탕으로 삼는다.(義以爲質)"는 구체적인 본보기이다.

개인적인 탁고託孤는 친구나 친지가 전장으로 떠나거나 죽었을 때 그의 어린 자식을 돌보아 준다는 뜻이다. 전통문화의 대의大義에서 보면, 어린 고아를 맡을 수 있는 사람은 "사방이 백 리인 한 지방의 운명을 맡길 수 있다.(可以寄百里之命)" 군자는 백성들이 안심하고 그 생명과 재산의 보호와 관리를 맡길 수 있으며, 나아가 능히 천하를 위한 막중한 책임을 감당해 낼 수 있다.

"중대사에 임해서는 그의 뜻을 빼앗을 수 없다.(臨大節而不可奪也)"는 뜻은 "삼군에게서 그 장수는 빼앗을 수는 있지만, 장부에게서 그 지조를 빼앗을 수는 없다.(三軍可奪帥, 匹夫不可奪志也)"는 말과 일맥상통한다. 군자는 자기의 뜻을 펴기 위해서는 자기의 생명까지를 포함한 일체를 희생할 수가 있다는 뜻으로 입지立志와 실행의 중요성을 강조한 말이다. 군자는 지조가 있어 뜻을 세우면 어떠한 어려움에도 불구하고 반드시 그 뜻을 이루어내어야 한다. 뜻을 품은 사람의 불굴의 의지를 칭송하는 말이며, 굳은 의지와 호방한 기개로써 뜻을 세우고 용감하게 성취하도록 격려하는 말이다.

군자는 다재다능하지 않다

태재(太宰)가 자공에게 물었다.

"선생님께서는 성인이십니까? 어찌 그렇게 다능하십니까?"

자공이 말하였다.

"본래 하늘이 그분을 성인이 되게 하고, 또 다능하게 하셨습니다."

선생님께서 이를 들으시고, 말씀하셨다.

"태재(太宰)가 나를 아는구나! 나는 어려서 빈천했으므로 미천한 일에 다능하다. 군자는 다재다능한가? 다재다능하지 않다."

— 「자한」9.6

太宰問於子貢曰 : 夫子聖者與? 何其多能也? 子貢曰 : 固天縱之將聖, 又多能也.
태재문어자공왈 부자성자여 하기다능야 자공왈 고천종지장성 우다능야

子聞之, 曰 : 太宰知我乎! 吾少也賤, 故多能鄙事. 君子多乎哉? 不多也!
자문지 왈 태재지아호 오소야천 고다능비사 군자다호재 부다야

 ### 자해(字解)

① 태재太宰 : 춘추시대 벼슬 이름으로 재상宰相.

② 종縱 : 놓아두다, 제멋대로 하게 내버려 두다. 사역의 뜻이 있음.

③ 비사鄙事 : 미천한 일, 자잘한 일.

　여기서의 핵심은 "군자는 다재다능한가?(君子多乎哉)"이다. 결론은 군자는 "다재다능하지 않다." 이는 "군자는 작은 일은 몰라도 큰일은 맡을 수 있다.(君子不可小知而可大受也)"는 말에서 알 수 있듯이 대개 군자는 여러 가지 일에 다재다능하지가 않다. 공자는 어려서 아버지를 여위고 생활이 어려웠다. 젊어서 '창고지기委吏'와 '양치기乘田'를 한 적도 있었다. 공자는 "나는 어려서 빈천했으므로 미천한 일에 다능하다.(吾少也賤, 故多能鄙事)"고 말한다. 요즘 말로 하면 어려서부터 고학苦學을 했다는 말이다. 젊은 시절의 시련이 성공의 밑거름이 되었다고 할 수 있다. 세상에 큰 업적을 남기고 성공하는 사람은 다양한 삶의 체험이 있어야 한다. 인생의 경험에서 우러나오는 경륜이 큰일을 하는 밑거름이 되기 때문이다.

　그러나 군자는 정말이지 다재다능하지가 않다. 흔히 정치인과의 토론에서 버스비, 삼겹살 1인분의 가격, 최저 시급이 얼마인지를 질문하고, 가격을 정확히 모른다고 공격하는 일이 있다. "서민 생활의 실상을 모른다." "서민과의 소통 부재다." 그러나 이는 그냥 흠집내기에 불과하다. 억지다. 국가 대사를 잘 알아야 하고, 시장의 바구니 물가를 일일이 꿰뚫고 있어야 한다는 것은 지나친 요구이다. 군자는, 세상의 리더는 근본을 바로 세우면 되는 것이지, 물가는 검색해 보면 금방 알 수 있는 문제인 것이다. 세상의 근본을 바로 세우는 일이야말로 바로 군자의 사명인 것이다.

君子學 32講

군자가 사는데 무슨 누추함이 있겠는가

선생님께서 구이(九夷)의 땅에 가서 사시고자 하니, 어떤 사람이 물었다.
"누추할 텐데 어떻게 하시겠습니까?"
선생님께서 말씀하셨다. "군자가 사는데 무슨 누추함이 있겠는가?"

—「자한」9.14

子欲居九夷, 或曰 : 陋, 如之何? 子曰 : 君子居之, 何陋之有?
자욕거구이 혹왈 루 여지하 자왈 군자거지 하루지유

자해(字解)

① 구이九夷 : 회이淮夷라고도 하며, 동이東夷에 속하며 동남쪽 일대의 소수민족의 땅으로 문화적으로 낙후된 곳을 의미한다. 춘추시대에 회수淮水와 사수泗水 사이에 거주했다고 한다.
② 누陋 : 누추하다.
③ 하루지유何陋之有 : '무슨 누추함이 있겠는가'의 뜻으로, 하유루何有陋를 강조한 문체로 도치법.

공자는 자신이 추구하는 도를 실행하기 어렵다고 여겨서 은거를 생각했다. 누추하고 누추하지 않고는 거주 환경의 문제가 아니라, 덕성의 수양과 인품이 사람들을 교화할 수 있는가의 문제로 해석된다. 즉 대도시의 사람들은 너무 실리에 밝고 닳아서 더 이상 내 뜻을 펼치기 어렵다. 그래서 문화가 낙후되어 민풍이 질박한 소수민족이 사는 지역에 가서 그들을 교화시키는 것이 더욱 보람 있는 일이라고 술회한 것이다.

"군자가 사는데 무슨 누추함이 있겠는가?(君子居之, 何陋之有)" 군자가 가서 살면 그 감화로 풍속이 선량해질 것인데 어찌 미개하고 누추할 리가 있겠는가? 도는 반드시 훌륭한 인격자가 덕으로 베풀어 인도하면 어디서건 반드시 행해진다는 공자의 신념이 엿보인다.

"단사표음에 누추한 거리에 살다보면, 남들은 그 괴로움을 견디지 못하는데, 안회는 그 즐거움을 고치지 않는구나.(一簞食, 一瓢飮, 在陋巷, 人不堪其懮, 回也不改其樂)"에서도 누항陋巷이라는 말이 나오는데, 오직 도를 즐기는 선비만이 부귀나 빈궁으로 인해 그 본마음이 흔들리지 않으니, 이러한 품격은 고상하다는 것이다. 공자의 많은 제자 중에 안회顔回의 도덕이 가장 고상했으며 행위규범이 가장 단정했다고 한다.

중국과 한국의 많은 문인들이 비슷한 주제를 가지고 명을 지어 마음 수양의 거울로 삼았는데, 여기에서 당나라 유우석劉禹錫의 누실명陋室銘과 조선의 허균의 누실명을 감상해 보고자 한다.

누실명 陋室銘

산이 높지 않아도 신선이 있으면 명산이요.

물이 깊지 않아도 용이 있으면 영수라지.

이곳은 비록 누추한 집이나 오직 나의 덕은 향기롭다네.

이끼에 계단은 푸르고 풀빛은 발을 통해 푸르며

담소하는 선비가 있을 뿐 왕래하는 백정(평민)은 없구나.

거문고를 타고 좋은 경전을 읽을 수는 있고

음악으로 귀를 어지럽히지 않고 서류로 몸이 수고롭지 않네.

남양 제갈량의 초가집이나 서촉 양자운의 정자와 같으니

공자도 무슨 누추함이 있겠는가라고 했다네.

山不在高 有仙則名

水不在深 有龍則靈

斯是陋室 惟吾德馨

苔痕上階綠 草色入簾靑

談笑有鴻儒 往來無白丁

可以調素琴 閱金經

無絲竹之亂耳 無案牘之勞形

南陽諸葛廬 西蜀子雲亭

孔子云 何陋之有

누실명 陋室銘

허균(許筠, 1568~1618)

넓어야 십홀+笏쯤 방에 남으로 문 두 짝을 내니

한낮 볕이 들이 쪼여 밝고도 따사롭구나.

집이라야 벽만 섰지만 책은 고루 갖추었네.

쇠코잠방이로 넉넉하니 탁문군卓文君의 짝이라네.

차 반 사발 따르고 한 자루 향 사르며

마음대로 편안히 지내며 천지 고금을 살피네.

남들은 누추해서 살 수 없다 말하지만

내가 보기에는 신선이 사는 청도淸都와 옥부玉府라네.

마음 편하고 몸 편하니 누가 누추하다 말하는가.

내가 누추하다 여기는 것은 몸과 이름이 함께 썩어가는 것일세.

자사子思는 쑥대로 엮었고 도연명 또한 담만 둘렀다네.

군자가 사는데 무슨 누추함이 있겠는가.

房闊十笏	南開二戶	午日來烘	既明且煦
家雖立壁	書則四部	餘一犢鼻	唯文君伍
酌茶半甌	燒香一炷	偃仰棲遲	乾坤今古
人謂陋室	陋不可處	我則視之	淸都玉府
心安身便	孰謂之陋	吾所陋者	身名竝朽
憲也編蓬	潛亦環堵	君子居之	何陋之有

君子學 33講

군자는 반드시 조복을 입고 조회에 나가셨다

군자께서는 감색과 주홍색으로 옷깃을 만들지 않고, 붉은색과 자주색으로 평상복을 만들지 않으셨다. 더운 철에는 갈포 홑옷을 입으시되, 외출할 때는 반드시 겉옷을 걸쳐 입고 나가셨다. 검은 옷에는 검은 염소 갖옷을, 흰 옷에는 어린 사슴 갖옷을, 누런 옷에는 여우 갖옷을 입으셨다. 평상복은 조금 길게 하되, 오른쪽 소매를 짧게 하셨다. 반드시 잠옷을 갖추었는데, 그 길이는 키의 한 배 반이었다. 여우와 담비의 두꺼운 모피는 집에서 깔고 앉으셨다. 상을 벗으면 아무 패옥이나 다 차셨다. 조회와 제사 때 입는 예복의 치마는 천 한 폭 전부를 썼지만, 예복이 아닌 옷은 반드시 남는 천을 잘라내셨다. 검은 염소 갖옷에 검은 갓을 쓰고는 조문을 가지 않으셨다. 매월 초하룻날은 반드시 조복을 입고 조회에 나가셨다.

—「향당」10.6

君子不以紺緅飾, 紅紫不以爲褻服. 當暑, 袗絺綌, 必表而出之. 緇
衣羔裘. 素衣麑裘. 黃衣狐裘.
군자불이감추식 홍자불이위설복 당서 진치격 필표이출지 치의고구 소의예구 황의호구

褻裘長, 短右袂. 必有寢衣, 長一身有半. 狐貉之厚以居. 去喪, 無
所不佩. 非帷裳, 必殺之. 羔裘玄冠, 不以弔. 吉月, 必朝服而朝.
설구장 단우메 필유침의 장일신유반 호맥지후이거 거상 무소불패 비유상 필쇄지 고구현관
불이조 길월 필조복이조

자해(字解)

① 감추식 紺緅飾 : '감紺'은 감색, '추緅'는 주홍색, '식飾'은 의복의 옷깃.
② 설복 褻服 : 예복이 아닌 평상복. '설褻'은 평복.
③ 진치격 袗絺綌 : 진袗은 홑옷. 치絺는 칡베, 격綌은 칡베, 거친 갈포.
④ 치緇 : 검다, 검은 비단.
⑤ 고구 羔裘 : 어린 염소 가죽으로 만든 갖옷. 대부大夫의 예복의 하나.
⑥ 예麑 : 사슴 새끼
⑦ 거居 : 앉다, 깔고 앉다.
⑧ 유상 帷裳 : 주름잡은 치마.

　여기에서 군자는 공자를 가리킨다. 공자의 의복의 예로 들어 그 당시의 군자가 갖추어야 할 복장을 논한 것이다. 우선 예복과 평상복으로 나누었으며, 여름에는 베옷을, 겨울에는 갖옷을 갖추어 입으셨다. 그리고 겉옷과 깔개 등 복식을 두루 갖추었는데, 호화스럽고 기품이 넘친다. 다음으로 색감의 배색과 조화를 들 수 있는데, 검은 옷에는 검은 염소 갖옷을, 흰옷에는 흰 어린 사슴 갖옷을, 누런 옷에는 누런 여우 갖옷을 입으셨는데, 색의 조화를 추구하셨다. 오른쪽 소매는 짧게 하여 팔을 사용하는 데 편리하게 하였다. 반드시 자리옷을 장만하셨는데, 길이는 키의 한 배 반이나 되게 하셨다. 평소 집에서는 여우나 담비의 두꺼운 털가죽을 깔고 앉으셨다. 상중이 아니면 패물이나 장신구를 차셨다. 예복은 천을 잘라내지 않고 남는 부분은 주름을 잡아서 만들게 하셨다. 검정색은 기쁜 예절에 썼기 때문에, 검은 염소 갖옷에 검은 갓을 쓰고는 조문을 가지 않으셨다. 대부의 자리를 그만두시고도 매월 초하루에는 반드시 정장인 조복을 입고 조회에 나가셨다. 이처럼 공자는 의복에 있어서 미관과 실용과 예를 중요시하였다.

재계齋戒 하실 때에는 반드시 깨끗한 베옷을 입으셨다. 재계 하실 때에는 반드시 음식을 평소와 달리 하셨고, 거처도 옮기셨다.

—「향당」10.7

齋, 必有明衣, 布. 齋必變食, 居必遷坐.
재 필유명의 포 재필변식 거필천좌

자해(字解)

① 명의明衣 : 깨끗한 옷, 목욕 가운.
② 변식變食 : 음식을 조절하다. 즉 술을 마시지 않고, 오신채를 먹지 않으며, 채식을 한다.
③ 천좌遷坐 : 잠자리를 내실에서 바깥방으로 옮김, 부부와 잠자리를 피한다는 뜻.

앞 문장에서 이어지는 부분이다. 재계할 때의 의복과 음식과 잠자리에 대한 예를 제시한 것이다. 제사에 앞서 산재 7일, 치재 3일의 재계를 행하셨는데, 이때 목욕재계를 하셨고, 목욕 후에는 명의明衣라고 해서 깨끗한 베옷을 갈아입으셨다. 식사도 평소와 다르게 하여 파와 부추 같은 냄새나는 음식을 먹지 않으시고, 자리도 평소와 다른 곳으로 옮겨 거처하셨다. 공자의 재계에 임하는 태도는 실로 엄격하고 성심성의를 다한 것으로 당시의 예절에 한 치의 어긋남도 없었다.

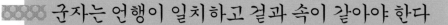

君子學 34講

군자는 언행이 일치하고 겉과 속이 같아야 한다

공자께서 말씀하셨다.

"하는 말이 이치에 맞고 옳다고 해서, 그 사람이 군자일까? 겉만 꾸미는
사람일까?"

—「선진」11.21

子曰：論篤是與, 君子者乎? 色莊者乎?
자왈 논독시여 군자자호 색장자호

자해(字解)

① 논독論篤 : '논論'은 말하다, 논하다. '독篤'은 견실하다, 성실하다. '논독論篤'은 말이 도리에 맞
고 충실함.
② 여與 : 허락하다, 찬성하다.
③ 색장色莊 : '색色'은 외부에 나타난 언어 동작. '장莊'은 꾸미다. '색장色莊'은 외면만을 꾸미다.

　　현실 사회에서는 확실히 겉으로 드러난 용모가 단정하고 장중하며, 말
투 또한 성실한 사람이 있다. 그런데 진정한 군자일까? 속마음이 바르지
않는 이중인격자는 아닐는지? 신중히 관찰하지 않으면 구별하기가 쉽지
않다. 사람을 그 언행만으로 평가해서는 안 된다는 점을 강조한 말이다.

「학이」편의 "교묘한 말과 곱게 꾸민 얼굴빛에는 참된 인이 거의 없다.(巧言令色, 鮮矣仁)"는 말과 같은 뜻이다. '교언영색巧言令色'은 공자가 반대하는 도덕관념이다. 그는 인덕을 갖춘 사람은 반드시 신의가 있고 정직해야 하며 언행이 일치하고 겉과 속이 한결같아야 한다고 여겼으며, 지나치게 아첨하거나 비굴하게 알랑거리는 사람들을 반대해야 한다고 생각했다. 그가 말한 '교언영색(巧言令色)'한 자는 표면적으로 짓는 거짓 웃음이 싫을 뿐만이 아니라, 더욱 중요한 것은 이러한 태도의 사람은 대부분 마음이 바르지 못하고 다른 비열한 의도를 가지고 있기 때문에 인덕이라 할 만한 것이 없다.

공자는 이상적인 인격을 갖추고 수양이 된 사람을 군자라 칭송했다. "하는 말이 이치에 맞고 옳다고 해서, 그 사람이 군자일까? 겉만 꾸미는 사람일까?"라는 문제를 제기하면서 「위정」편에서 "그 행위를 보고, 그 경력을 보고, 그 평안함을 살펴보면 사람이 어찌 숨길 수 있겠는가! 사람이 어찌 숨길 수 있겠는가!(視其所以, 觀其所由, 察其所安, 人焉廋哉! 人焉廋哉!)"라고 하는 '사람판별법'을 제시했던 것이다.

2500여 년 전에 공자는 이미 사람을 관찰하여 파악하는 방법을 생각해 내었던 것이다. 첫째, 그 행위를 보는 것이다. 한 가지 일로써, 그 사람이 무슨 동기로 그렇게 했는가를 투시할 수 있는데, 이는 심보, 속마음을 말한다. 둘째는 그 경력을 보는 것이다. 어떤 일을 함에 있어서, 그 사람이 어떠한 수단 또는 방법으로 목적을 달성했는가라는 그 경력을 살펴보는 것을 말한다. 남이 알아서는 안 되는 목적을 위해서라면 수단과 방법을 가리지 않았는지, 또는 남에게 해를 끼쳤다던가 하는 것을 말하는데, 그 사람의 마음 씀씀이를 알 수 있다. 셋째, 그 사람의 평안함을 살펴보는 것이다. 일을 함에 있어서 억지로 하는 것인지, 아니면 즐거워서 피곤한 줄도 모른 채 열심히 일하는지, 아니면 이랬다저랬다 하는지, 전심전력을 다 하는지를 알 수 있다. 일을 하고 나서는 평안해 하는지, 당황하여 안절부절하는지 등은 그 사람의 태도와 정서를 알 수 있게 한다. 다시 말해서 '시視·관觀·찰察'은 행위에서 마음 씀씀이, 심리 상태와 정서 등 겉으로 드러난 모습에서부터 마음속 깊은 곳, 의식의 흐름까지 순차적으로 자세히 살펴서 안다는 말이다.

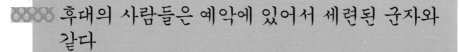

君子學 35講

후대의 사람들은 예악에 있어서 세련된 군자와 같다

공자께서 말씀하셨다.

"옛날 사람들은 예악에 있어서 질박한 야인과 같았으나, 후대의 사람들은 예악에 있어서 세련된 군자와 같다. 만일 내가 예악을 사용한다면 옛사람들의 질박함을 따르리라."

―「선진」11.1

子曰 : 先進於禮樂, 野人也. 後進於禮樂, 君子也. 如用之, 則吾從先進.

자왈 선진어례악 야인야 후진어례악 군자야 여용지 즉오종선진

자해(字解)

① 선진先進 : 앞선 사람, 옛 선배. 여기서는 주나라 초기를 의미함.
② 야인野人 : 질박함을 의미함.
③ 후진後進 : 후대의 사람. 주나라 말기, 즉 공자 시대의 사람들.
④ 군자君子 : 문화적인 형식미를 갖춤을 의미함.

예악은 전통 문화의 핵심으로서 공자는 이를 대단히 중시했다. 예악은

문과 질이 적당히 조화되어 이것이 함께 아름답게 빛나는 것을 공자는 이 상으로 여겼다. 그런데 지금 사람들은 세련되고 화려한 것을 좋아하기 때 문에, 옛날 사람들의 예악은 문이 부족하여 야인과 같이 질박하다고 하고, 지금 사람들의 예악은 문과 질이 함께 어우러져 군자와 같이 세련되었다 고 한다. 공자는 예악에 있어서 진보적이거나 문화적인 것보다 후진적이 기는 하나 본질적인 것을 따르겠다고 하였다. 당시 예악이 인간의 본성을 떠나 형식과 겉치레로 흐르는 것을 염려한 것으로 볼 수 있다.

예악의 시대별 차이를 언급한 것으로, 그 내용의 질박함과 세련됨의 구 분이다. 오늘날 7080음악과 K팝으로 대표되는 음악의 차이라고 할 수 있 다. 이보다 앞선 세대의 트로트 등의 대중문화 전반에는 복고, 향수, 서정 성 등이 질박하게 묻어나는데 반해, 최근에 휴행하는 아이돌 그룹의 음악 은 현란하고 화려하며 의상이나 화장 등에서 세련미가 철철 넘쳐흐른다. KBS 가요무대와 배철수의 콘서트7080의 청중과 시청자들은 대부분 4~50 대 이상인데 반하여, 아이돌 가수의 쇼 프로의 청중과 시청자들은 거의 10, 20대인 것을 보면 확실히 구분할 수 있을 것이다. 예악에 있어서의 세대차 를 말한 것으로 이해된다.

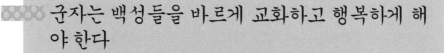

군자는 백성들을 바르게 교화하고 행복하게 해 야 한다

선생님께서 말씀하셨다.

"구야! 너는 어떠하냐?"

염유가 대답하였다.

"사방 육칠십 리 또는 오륙십 리의 땅을 제가 다스린다면, 대략 삼 년이면 백성들을 풍족하게 할 수 있습니다. 하지만 예악에 있어서는 군자를 기다 리겠습니다."

―「선진」11.26

子曰 : 求! 爾何如? 對曰 : 方六七十, 如五六十, 求也爲之, 比及 三年, 可使足民. 如其禮樂, 以俟君子.

자왈 구 이하여 대왈 방육칠십 여오륙십 구야위지 비급삼년 가사족민 여기예악 이사군자

자해(字解)

① 구求 : 공자의 제자 염유 冉有.

② 이爾 : 너. '여汝'와 같음.

③ 여如 : 혹은, 또는.

④ 비급比及 : ……의 때에 이르다, ……의 때가 되다.

⑤ 사俟 : 기다리다.

본래 이 이야기는 자로子路·증석曾晳·염유冉有·공서화公西華, 이 네 사람이 공자를 옆에 모시고 앉아 있을 때, 공자께서 네 사람에게 각각 그 뜻한 바를 말하게 하였다. 사제지간에 각자의 소신을 이야기하고, 그에 대한 공자의 느낌을 밝힌 것이다.

"내가 너희들보다 나이가 조금 많다 하나 나를 어려워 마라. 너희들은 평소에 자기를 알아주지 않는다고 하는데, 만약 알아주면 어떻게 하겠느냐?"

그러자 자로가 불쑥 나서면서 말했다.

"천 승乘의 제후국이 큰 나라들 사이에 끼어서 군대의 침범을 당하고 기근까지 겹쳐도 제가 그 나라를 다스린다면, 삼 년이면 백성들을 용감하게 만들고 또 바른 길을 알게 하겠습니다."

공자께서 들으시고 빙긋이 웃으셨다. 그리고는 염유에게 물으셨다.

"구求야! 너는 어떠하냐?"

염유는 대단히 겸손했다. 그는 공자의 질문에 이렇게 대답했다.

"사방 6, 70리 되는 작은 나라나 더 작은 나라를 제가 맡아 다스린다면, 3년 정도면 나라를 번영시키고 국가 경제를 발전시켜 백승들을 부유하게 할 수 있습니다. 그러나 사회경제가 부유해졌다고 해서 훌륭한 문화가 건립되는 것은 아니고, 문화의 토대를 건립하는 것은 매우 중요하고 어려운 일이므로 뛰어난 인재를 찾아 맡기도록 하겠습니다."

이 말에는 두 가지 포인트가 내재되어 있다. 첫째, 문화를 건립하는 일은 정말 쉽지 않다는 것이다. 문화는 자연환경, 민족적인 특성, 종교적인 영향, 정치적인 요인, 그리고 경제적인 요인 등이 복합적으로 한데 어우러져 생성되고 발전해 나가는 것이다. 그리고 기본적인 전제 조건이 바로 경제적인 조건, 즉 의식주가 풍족해야 한다. 사회와 국가의 번영, 교육 문화의 흥성 모두 경제가 밑받침되어야 그 토대 위에서 발전할 수가 있는 것이다.

염유는 이러한 이치를 잘 이해하고 있었다. 그는 작은 나라를 자신에게 맡겨주면 3년 만에 경제를 안정시켜 백성들의 생활을 윤택하게 할 수 있다고 자신했다. 그러나 백성들을 가르치고, 예로써 그 행동을 바르게 하고, 음악으로써 그 마음을 화락하게 하여 미풍양속을 이루는 일 같은 것은 오직 재덕을 겸비한 군자가 나서서 해야 한다고 겸손한 실토를 했던 것이다.

예악이란 한 시대를 관통하는 문화 사상이며 정신문화이다. 공자는 일이관지一以貫之하는 문화 사상을 충효忠孝로 보았다. 이러한 정신문화의 모든 것을 함축하고 있는 예악이 붕괴된 현 시대에 누가 있어 예악을 부흥시킬 것인가? 충효를 보수 기득권층의 기득권 지키기에 이용하는 것이 아니라, 정의롭고 평화로우며 공정하고 행복한 사회를 만드는 건전한 정신으로 승화시킬 수 있는 신망이 두터운 재덕을 겸비한 군자가 요구된다.

군자는 세상 사람 모두가 형제이다

사마우가 근심하며 말했다. "사람마다 모두 형제가 있는데 나만 홀로 없구나."

자하가 말했다. "내가 듣건대 살고 죽고는 운명에 달려 있고, 부하고 귀함은 하늘에 달려 있다고 한다네. 군자가 공경히 행동하여 과실이 없고, 남과 사귐에 공손하고 예의를 지키면, 세상 사람들 모두가 형제가 될 것이니, 군자가 어찌 형제 없음을 걱정하겠는가?"

—「안연」12.5

司馬牛憂曰 : 人皆有兄弟, 我獨亡. 子夏曰 : 商聞之矣. 死生有命,
富貴在天.
사마우우왈 인개유형제 아독무 자하왈 상문지의 사생유명 부귀재천

君子敬而無失, 與人恭而有禮. 四海之內, 皆兄弟也. 君子何患乎
無兄弟也?
군자경이무실 여인공이유례 사해지내 개형제야 군자하환호무형제야

자해(字解)

① 무亡 : 없을 '무無'와 같음.

② 상商 : 자하子夏의 이름.

③ 경이무실敬而无失 : '경敬'은 공경하다. '무실無失'은 경敬을 잃지 않음, 과실이 없음.

④ 공이유례 恭而有禮 : '공恭'은 공손하다. '유례 有禮'는 예의를 잃지 않음.

　군자는 자기 몸가짐을 항상 공경스럽게 하여 과실을 저지르지 않도록 힘쓰며, 또 남과 접촉힐 때에는 항시 예의를 지키면, 세상 사람들이 모두 나를 공경하고 사랑하여 형제같이 된다. 사마우에게는 향퇴向魋, 향소向巢라는 두 형제가 있었는데, 그들은 송나라에서 난을 일으켰다. 사마우는 그들을 저지하려 했지만 소용이 없었기 때문에, 자기에게는 형제가 없다고 탄식한 것이다. 그래서 자하는 보이지 않는 가운데 운명의 작용이 있을 것이니, 마음 넓게 먹고 더 이상 근심하지 말라고 위로했던 것이다. 비록 형제라 하더라도 인간적으로 도덕적으로 올바르지 않다면, 인간 세상의 우애와 사랑을 나누기 어렵다.

　"살고 죽고는 운명에 달려 있고, 부하고 귀함은 하늘에 달려 있다.(死生有命, 富貴在天)"고 했다. 사마우에게 형제가 있는 것도, 그 형제들이 난을 일으킨 것도, 그것을 근심한 것도, 그리고 자하의 위로를 받는 것 등 모든 것은 사마우에게 주어진 숙명인 것이다. 자기를 둘러싼 세상의 모든 것은 결국 자기의 복이자, 자기의 몫인 것이다. 공자는 「이인」편에서 "덕이 있는 사람은 외롭지 않으며, 반드시 이웃이 있다.(德不孤, 必有鄰)"라고 했다. 공자는 덕이 있는 사람은 절대로 나 홀로의 상황에 처하지 않으며 반드시 찬동하는 사람이 있어서 더불어 덕을 행할 수 있다고 여겼다. 그래서 외롭지 않다는 말이다. 이 말은 인덕을 수양하는 사람에 대한 격려이자 공자 자신의 강한 의지를 반영한 말이기도 하다.

　유가 사상에서 강조되는 도덕적 정신, 즉 경敬은 대체로 공경함恭, 엄숙함肅, 또는 삼가다謹愼는 등등의 뜻으로 풀이된다. 경은 유가 사상에서 빼놓을 수 없는 마음의 자세로서, 그리고 도덕적 정신으로서 이해되고 있다.

『논어』에는 "경으로 자신을 닦는다.(修己以敬)", "처소에 기거함에 공손하고 일을 집행함에 경으로 한다.(居處恭, 執必敬)", "행동은 돈독하고 경건해야 한다.(行篤敬)"고 언급하고 있다.

경敬에 관하여 그 개념적 외연을 좀 더 분명히 밝히는 문헌은 『주역』의 「문언전文言傳」이다. 즉 "군자는 경으로써 안을 곧게 하고, 의義로써 밖을 방정히 하여 경과 의가 확립되면 덕은 외롭지 아니하다."는 설명에서, 경을 의와 견주어 내심의 정신으로 규정하고 있다. 여기에서 인간의 인간다움, 즉 인간의 선한 본성을 살릴 수 있는 근거를 경에다 두고 있다. 간단히 말하자면, 유가 사상에서 경의 의미는 참되고자 노력하는 자아실현의 정진과 성인의 학문 연구에 불가결한 마음가짐이라 할 수 있다.

군자는 근심하지도 두려워하지도 않는다

사마우가 군자에 대하여 묻자, 선생님께서 말씀하셨다.

"군자는 근심하지도 않고 두려워하지도 않는다."

사마우가 말했다.

"근심하지 않고 두려워하지 않는다면, 바로 군자라 하겠습니까?"

선생님께서 말씀하셨다.

"내심으로 반성하여 잘못이 없는데, 무엇을 근심하며 무엇을 두려워하겠는가?"

―「안연」12.4

司馬牛問君子. 子曰 : 君子不憂不懼. 曰 : 不憂不懼, 斯謂之君子矣乎? 子曰 : 內省不疚, 夫何憂何懼?

사마우문군자 자왈 군자불우불구 왈 불우불구 사위지군자의호 자왈 내성불구 부하우하구

 자해(字解)

① 사마우 司馬牛 : 성은 사마 司馬, 이름은 경耕, 자는 자우 子牛. 공자를 해치려던 사마환퇴의 아우. 사기에 의하면, 말이 많고 몹시 경박한 성격이라 한다. 그리하여 공자는 특히 그에게 "인한 사람은 말을 신중히 한다.(仁者, 其言也訒)"라며 말을 함부로 하지 말라고 일렀다.

② 구疚 : 꺼려하다, 양심에 가책을 느끼다.

사마우[11]가 "군자란 어떠한 사람입니까?" 하고 물으니, 공자께서 "군자란 도를 깊이 깨달아서 어떠한 일에도 마음이 흔들리지 아니하므로, 재앙이 닥쳐올 것을 근심하지 않으며, 재앙이 닥쳐왔다 해도 두려워하지 않고 언제나 태연자약 하는 자이다."라고 말씀하셨다. 사마우는 이것만으로 군자라고 하기에는 부족하다고 생각하고 "근심하지 않고 두려워하지 않는 것만으로 군자라고 할 수 있습니까?"라고 반문하니, 공자께서 말씀하셨다. "그대는 이 말을 가벼이 생각해서는 안 된다. 군자는 평소의 언행이 공명정대하여, 반성하여도 내심에 아무런 허물이 없으니 무엇을 근심하고 무엇을 두려워하겠는가?"

이는 사마우의 근심하고 두려워하는 마음을 없애주려고 한 말이다. 사마우는 그 형이 난을 일으켰으므로 언제나 근심과 두려움에 싸여 있었다. 맹자 공손추 상편에 증자가 공자에게서 들은 큰 용기로 "스스로 반성해 보아 위축되는 일이면 비록 필부에게도 내 두렵거니와, 스스로 반성해 보아 위축되는 일이 아닐 때는 비록 천만인의 앞에라도 주저하지 않고 나가겠다."라는 말이 있다. 이는 윤동주 시인의 서시에 나오는 "죽는 날까지 하늘을 우러러 한 점 부끄럼이 없기를"에서처럼, 하늘을 우러러 한 점 부끄럼이 없는 사람은 두려워하지 않는다. 자신의 인생을 성실히 당당하게 살아온 사람, 자신의 생에 대한 반성에 철저한 사람, 탐욕심이 없이 아무 것도 원하고 바라는 것이 없는 사람은 두려울 게 없는 법이다. 요즘 '조르바 열풍'의 원작 소설 '그리스인 조르바'의 저자 카잔차키스의 묘비명에 쓰인 글귀 "나는 아무것도 바라지 않는다. 나는 아무것도 두려워하지 않는다.

---

11) 성은 사마司馬, 이름은 경耕, 자는 자우子牛로 공자의 제자이다. 사마우는 송宋나라 대부 환퇴桓魋의 동생이라고 전한다. 환퇴는 송나라에서 '윗사람을 거역하고 반란을 일으켜', 송나라 권력자의 박해를 받고 집안 모두 도망쳤다. 사마우는 노나라로 도망가서 공자를 스승으로 모시면서 환퇴가 그의 형이 아니라고 말했다. 그래서 공자가 사마우의 어떻게 해야 군자라 할 수 있는가라는 질문에 대답했던 것이다.

나는 자유이므로."에서도 아무것도 바라지 않는 진정한 자유의 상태에서는 두려울 게 없다는 메시지를 읽을 수 있다. 또한 종심소욕불유구(從心所欲不踰矩), 마음이 하고자 하는 대로 따라도 법도를 넘어서지 않게 되면 근심하지도 두려워하지도 않게 된다. 마음이 광명정대하면 두려울 일이 없고 대광명의 경지처럼 온통 청정하고 행복하다고 한다.

모든 사람이 담소를 나눌 때 혼자서 구석에서 안절부절 하는 사람이 있었으니, 바로 사마우였다. 이번에 공자가 송나라에서 재난을 당했는데, 그렇게 한 사람이 바로 자기의 형인 환퇴(桓魋)였으니, 도저히 고개를 들 면목이 없었던 것이다. 게다가 그가 하루 전에 성으로 들어갔으니, 밀고했다는 혐의를 벗을 수가 없었다. 가슴에 수심이 가득하고, 그것이 오랫동안 응어리가 져서 마침내 몸져누웠다. 처음 기침을 하기 시작하더니 나중에는 온몸에 열이 나고, 3일 후에는 토사에다 혼미 상태에 빠져 의식을 잃었다. 공자는 사마우가 병이 났다는 소식을 듣고 병문안을 와서 창밖에서 바라보니, 사마우의 얼굴이 수척하고 양 볼이 뻘건 것이 몰골이 말이 아니었다. 혼미한 상황에서도 그는 억지로 눈을 뜨고 바라보니 창밖에 공자가 서 있는 것이 보였다. 순간 감동한 마음에 손을 뻗어 창문을 잡고 몸을 일으켜 앉으려고 안간힘을 다했다. 공자가 재빨리 손을 내밀어 창문을 사이에 두고 사마우의 뜨거운 손을 굳게 움켜쥐었다.

사마우가 말했다. "스승님, 제가 죽으려나 봐요."

공자께서 말씀하셨다. "생사는 하늘이 정하는 것이거늘, 쓸데없는 생각을 해서는 안 되네."

사마우가 한차례 기침을 하고 나서 여쭈었다. "군자는 죽음을 두려워합니까?"

공자께서 말씀하셨다. "군자는 근심하지도 두려워하지도 않느니라."

사마우가 다시 여쭈었다. "어떻게 해야 근심하지도 두려워하지도 않습니까?"

공자께서 말씀하셨다. "내심으로 반성하여 잘못이 없는데, 무엇을 근심하며 무엇을 두려워하겠는가?"

사마우는 이 말을 듣고서 눈을 꼭 감고서 입술이 몇 번인가를 달싹거린 후에 간신히 입을 열었다. "스승님, 환퇴桓魋가 비록 저의 형이지만, 제가 성에 들어가서 밀고하지 않았습니다. 저를 믿으십니까?"

공자는 사마우의 손을 힘차게 움켜쥐며 말씀하셨다. "물론 믿는다."

사마우는 눈물을 흘리며 비로소 안도의 한숨을 내쉬며 말했다.

"저도 이제는 근심하지도 두려워하지도 않을 수 있습니다."

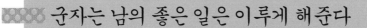 군자는 남의 좋은 일은 이루게 해준다

공자께서 말씀하셨다.
"군자는 남의 좋은 일은 이루게 하고, 남의 나쁜 일은 이루지 못하게 한다.
소인은 이와 반대이다."

—「안연」12.16

子曰 : 君子成人之美, 不成人之惡. 小人反是.
자왈 군자성인지미 불성인지악 소인반시

자해(字解)

① 성成 : 이루다, 성취하다.
② 인지미 人之美 : 다른 사람의 좋은 일.
③ 인지악 人之惡 : 다른 사람의 나쁜 일, 그릇된 일.

군자와 소인의 마음 씀씀이의 차이를 말한 것이다. 군자는 본심이 후덕
하여 남의 좋은 점, 좋은 일을 보면 격려하며 이를 도와주어 성취하게 한
다. 또한 남의 나쁜 점, 그릇된 행동을 보면 이를 깨우쳐 주어 잘못된 점을
바로잡아 준다. 타인에 대한 선한 눈길과 말씨, 그리고 마음 씀씀이는 그

자체로 공덕功德이 되고 그러한 공덕이 쌓이면 세상이 아름다워진다. 남의 좋은 일을 이루게 해주는 것은 바로 인자애인 정신의 구체적인 실천이다. 적선積善하는 일이며, 사람을 사랑하는 일이다. 이와 반대로 소인은 도량이 좁고 관대하지 못하여 남의 좋은 일, 즐거운 일을 보면 왕왕 눈을 붉히고 질시하거나 심지어는 조소하고 비방하여 남의 일을 그르치려 한다. 즉 남의 고통 위에서 자신의 사욕과 쾌락을 추구하려 한다.

君子學 40講

군자는 올바른 기풍을 선도한다

계강자가 공자에게 정치에 대해서 물었다.

"만일 무도無道한 사람을 죽여서 올바른 도에 나아가게 한다면 어떻습니까?"

공자께서 대답하셨다.

"그대는 정치를 함에 어찌 살인을 한다 하십니까? 당신이 선을 원하면 백성들도 착하게 됩니다. 군자의 덕은 바람이요, 소인의 덕은 풀입니다. 풀에 바람이 불면, 풀은 반드시 바람을 따르게 마련입니다."

—「안연」12.19

季康子問政於孔子曰 : 如殺無道, 以就有道, 何如? 孔子對曰 : 子爲政, 焉用殺?
계강자문정어공자왈 여살무도 이취유도 하여 공자대왈 자위정 언용살

子欲善, 而民善矣! 君子之德風, 小人之德草. 草上之風, 必偃.
자욕선 이민선의 군자지덕풍 소인지덕초 초상지풍 필언

자해(字解)

① 무도無道 : 인도 人道에 어긋남. 인도에 어긋난 행위, 또는 그 사람. 무도한 사람.
② 유도 有道 : 도덕이 몸에 배어 있음, 또는 그 사람. 천하가 잘 다스려지고 있음을 뜻하기도 한다.
③ 언偃 : 쓰러지다, 쏠리다.

이 장은 공자의 덕치주의 사상을 반영한 것으로, 위정자가 형벌이나 살육으로써 나라를 다스려서는 성공할 수가 없다는 것을 천명한 말이다. 왜냐하면 겉으로는 굴복할지 모르나 마음으로는 승복하지 않기 때문이며, 더욱이 죽음을 두려워 하지 않는 사람 또한 있기 때문이다. 위정자는 백성들을 덕으로써 감화시켜야 하며, 강압적이고 물리적인 수단과 방법으로는 백성들을 억누를 수 없으며, 백성들의 믿음을 얻을 수도 없다.

공자는 이 장에서 "군자의 덕은 바람이요, 소인의 덕은 풀입니다. 풀에 바람이 불면, 풀은 반드시 바람을 따르게 마련입니다.(君子之德風, 小人之德草, 草上之風, 必偃)"라는 명언을 남겼다. 기풍氣風이라는 말이 바로 여기에서 나온 것이다. 군자는, 나아가 지도자는 세상에 기풍을 선도할 줄 알아야 한다는 뜻이다. 올바른 기풍이란 시대를 관통하는 건강한 문화 정신이다. 오늘날의 용어로 올바른 비전Vision과 그에 따른 실천력이랄 수 있다. 솔선수범이며, 바로 그 유명한 노블레스 오블리주이다. 그래야 기풍이 바로 서는 것이다. 이러한 기풍은 당연히 수신修身과 제가齊家에서 나온다. 직장이나 단체, 국가 지도자의 품격과 처신이 뛰어나면 아랫사람의 기풍이 저절로 좋아진다. "풀은 반드시 바람을 따르게 마련입니다(必偃)"라는 말은 민심의 쏠림 현상을 의미한다. 정치 지도자, 법조계, 기업인, 고위 관료 등 사회 지도층들의 정신과 행동이 밝고 건전하면 사회 전체가 맑고 건전해진다. 윗물이 맑아야 아랫물이 맑아지는 법이다.

군자는 학문을 통하여 벗을 사귄다

증자가 말하였다.

"군자는 학문을 통하여 벗을 사귀고, 벗을 통하여 서로 인을 행하는 것을 돕는다."

—「안연」12.24

曾子曰 : 君子以文會友, 以友輔仁.
증자왈 군자이문회우 이우보인

자해(字解)

① 회會 : 모으다.
② 보輔 : 돕다, 힘을 빌리다, 바르게 하다.

이 장은 친구의 도리를 말한 것이다. 군자는 학문을 통하여 친구를 사귄다고 했는데, 여기서의 문文은 문화 사상이 포함된다. 음주가무를 통한 교류가 아니라, 시서육예詩書六藝 등의 학문과 문예를 함께 연구하며 선을 권하고 악을 경계하여 인을 행하는 데 도움을 되게 하는 것이야말로 군자의 본분이다. 오늘날 사회에는 수많은 동호회가 동도同道, 동학同學의 사람들과 교유하면서 건전한 문화 행위와 상호 교류를 통해 자신을 가다듬는다. 스포츠 동호회 또한 각기 정해진 스포츠 룰에 따라 스포츠맨십을 습득할 수 있어 건강한 사회를 이룩하는 데 일조한다. 특히 육예 중의 활쏘기와 마차 몰기는 스포츠에 해당한다. 이는 영국의 여우 사냥과 폴로 경기와 같은 것이다. 건강한 신체에 건강한 정신을 깃들게 하기 위함이다. 우리나라에서는 신라의 화랑도와 조선시대 서원에서의 학문 교류 등이 대표적인 예이다.

최근에 참으로 다행한 소식이 들려왔다. 학교 스포츠 클럽 확대에 관한 소식이다. 선진국은 오래전부터 체육 활동의 활성화로 학생들의 공동체 의식과 리더십·인내심·자기희생정신 함양, 약자에 대한 배려, 신체 활동 욕구 해소 등 다양한 교육 성과를 거두고 있다. 중앙대학교 학교체육연구소가 2012년에 전국 중학생 496명을 조사한 결과 '학교 스포츠 클럽 확대'에 대해 88.3%가 찬성했다고 한다. 이들은 스포츠 클럽 활동이 신체적 건강 증진(84.9%), 정신적 스트레스 해소(83.9%), 친구들과 좋은 관계 유지(82.7%), 바람직한 인성 함양(73.6%), 학교 폭력 문제 해결(69.8%) 등에 도움이 된다고 응답했다. 각종 스포츠 활동을 많이 하면 학생들의 체력과 인성(人性)을 키우는 데 도움이 될 뿐 아니라, 친구들 간에 협동심이 형성돼 왕따 등 학교 폭력, 게임 중독을 줄이는 효과가 기대된다. 연간 2~8회 무단결석을 하던 학생들이 학교 스포츠 클럽 활동을 시작한 후부터 등교를 거르는 일이 없어졌다는 사실은 "군자는 학문을 통하여 벗을 사귀고, 벗을 통하여 서로 인을 행하는 것을 돕는다."는 확실한 방증이다.

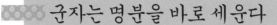

군자는 명분을 바로 세운다

자로가 물었다. "위나라 임금이 선생님을 초대하여 정치를 하게 한다면, 선생님은 무엇을 먼저 하시겠습니까?"

공자께서 말씀하셨다. "반드시 명분을 바로 세우겠다."

자로가 물었다. "그렇습니까? 선생님께서는 세상의 물정에 어두우십니다. 어찌 명분을 바로 세우겠다는 것입니까?"

공자께서 말씀하셨다. "천박하구나, 유야. 군자는 모르는 일에는 입을 다물고 있는 법이다. 명분이 바로 서지 않으면 말이 이치에 맞지 않게 되고, 말이 이치에 맞지 않으면 일이 이루어지지 않게 되며, 일이 이루어지지 않으면 예악이 흥성하지 못하게 되고, 예악이 흥성하지 않으면 형벌이 적절하지 않게 되며, 형벌이 적절하지 않으면 백성들은 손발을 제대로 둘 곳도 없게 된다. 그러므로 군자는 명분을 바로 세우면 반드시 말이 서고, 말이 서면 반드시 실행될 것이다. 군자는 말에 있어서 경솔함이 없어야 하는 것이다."

―「자로」13.3

子路曰：衛君待子而爲政, 子將奚先? 子曰：必也正名乎. 子路曰：有是哉. 子之迂也. 奚其正?

자로왈 위군대자이위정 자장해선 자왈 필야정명호 자로왈 유시재 자지우야 해기정

子曰 : 野哉由也. 君子於其所不知, 蓋闕如也. 名不正, 則言不順;
자왈 야재유야 군자어기소부지 개궐여야 명부정 즉언불순

言不順, 則事不成; 事不成, 則禮樂不興; 禮樂不興, 則刑罰不中;
언불순 즉사불성 사불성 즉례악불흥 예악불흥 즉형벌부중

刑罰不中, 則民無所措手足. 故君子名之, 必可言也, 言之,
형벌부중 즉민무소조수족 고군자명지 필가언야 언지

必可行也. 君子於其言, 無所苟而已矣!
필가행야 군자어기언 무소구이이의

자해(字解)

① 위군衛君[12] : 위衛 출공出公 첩輒을 지칭. 위衛 영공靈公의 손자.
② 정명正名 : 군신·부자 등 명분을 바르게 하는 것.
③ 우迂 : 멀다. 현실에 맞지 아니함. 실제와 거리가 멀다.
④ 야野 : 상스럽고 천하다. 비속하다.

---

12) 위군衛君이란 출공出公 첩輒을 말한다. 재위 기간은 기원전 492년~481년이다. 위 영공靈公의 손자이며, 세자 괴외蒯聵의 아들이다. 영공이 죽은 후에 괴외蒯聵가 왕위를 물려받아야 했으나, 그는 어머니인 남자南子(영공의 부인)의 음행에 불만을 품고 모살하려다 영공에 의해 국외로 추방되었다. 그리하여 남자는 어린 아들 영郢을 왕으로 세우려 했지만, 영이 거부하자 첩을 왕으로 책봉했다. 첩輒이 국군國君을 계승한 후에 그의 아버지 괴외의 귀국을 거부했다. 이는 군신의 명분에 있어서나 부자의 명분에 있어서 모두 옳지 못한 것이다. 국내에서 이에 대해 의론이 분분했다. 그러나 출공 첩은 조모인 남자의 명에 따라 왕위에 올랐으며, 부친의 귀국을 거절했음에도 그의 군주 자리의 명분에는 하등의 영향을 끼치지 못했다. 왜냐하면 부자 관계는 군신 관계에 종속되기 때문이다. 국내외의 여론을 잠재우기 위해서라도, 위나라 출공의 왕위의 명분은 주례周禮에 맞는 것이라 긍정해서 반드시 명분을 바로 세울 필요가 있는 것이다. 공자는 이 문제에 대해 오랫동안 생각했으며, 이미 마음속에 생각해 둔 바가 있었다. 그래서 자로가 이 문제를 제기하자 조금도 주저함이 없이 "먼저 명분을 반듯하게 하여 각자 질서를 바로잡아야 한다."고 말했던 것이다.
공자는 위 출공의 요청을 받아들여, 위나라에서 자기의 정치적인 포부를 한 번 크게 펼칠 결심을 했던 듯하다. 그리하여 "먼저 명분을 바르게 한다."는 정치 강령을 제기했던 것이다. 그러나 위 출공은 그의 조부 영공처럼 공자를 영접하여 연회를 베풀며 예로써 공자를 극진히 대접하였으며, 매년 공자에게 2,000담의 봉록을 주어 현자를 우대한다는 미명을 얻으려 했다. 그러나 그의 조부와 마찬가지로 공자를 중용하지는 않았다. 공자는 위나라에서 5년을 머물렀으나 그냥 귀빈일 따름이었다. 실제로 하는 일 없이 꽤 괜찮은 대접을 받으니 다른 사람에게는 아마도 최고의 대접일 수 있다. 그러나 공자에게는 이상과 포부가 있었다. 단순히 배불리 먹고 빈둥거리는 것은 그의 뜻이 아니다. 이러한 상황에 이르자 공자는 후진 양성과 학문 연구에 몰두할 수밖에 없었을 것이다.

⑤ 궐여闕如 : 빠뜨리다, 제쳐놓다.

⑥ 조수족措手足 : 손발을 두다. '조措'는 놓다, 처리하다, 쓰다, 사용하다.

⑦ 부중不中 : 적당하지 않다, 온당치 못하다. '중中'은 맞다, 온당하다.

⑧ 구苟 : 구차하다, 일시를 미봉하다, 눈앞의 안전만 도모하다.

　　정명正名이란 명名을 바로잡는다는 뜻으로, 주로 명실名實 관계에 대한 정치·윤리적 개념이다. 구체적으로는 명의 의미에 따라 다음의 두 가지로 나누어 볼 수 있다. 첫째, 사물의 실상에 대응하는 이름으로 본다. 이 경우 정명은 사물의 실제와 그 명을 일치시킨다는 뜻으로 동이同異, 시비, 진위를 분별한다는 논리학의 사실판단에 해당한다. 둘째, 인간의 내면적 덕에 대응하는 명분의 의미로 본다. 이 경우 정명론은 인간의 덕과 그 명분을 일치시킨다는 뜻으로 명분, 귀천, 선악을 구별한다는 윤리학의 가치판단에 해당한다.

　　공자는 자로子路[13]라는 제자가 정치를 한다면 무엇을 먼저 하겠느냐고 물었을 때, "반드시 명을 바로잡겠다.(必也正名乎)"고 하였고, "정치란 바로잡는 것이다.(政者正也)"라고도 하여 정치에 있어서 정명의 중요함을 피력하였다. 제경공이 정치에 대해서 물었을 때, "임금은 임금답고, 신하는 신하다우며, 어버이는 어버이답고, 자식은 자식다워야 한다(君君, 臣臣, 父父, 子子)"고 하여 명분과 그에 대응하는 덕이 일치하지 않음을 지적하였다. 이러한 공자의 정명 사상은 사회 구성원 각자가 자기의 명분에 해당하는 덕을 실현함으로써 예의 올바른 질서가 이루어지는 정명의 사회가 된다는 것이

---

13) 공자의 제자. 성은 중仲, 이름은 유由. 노나라 변卞 출신. 사과십철四科十哲의 한 사람이며, 정사政事에 밝았다. 무용武勇에 뛰어난 용사였으며, 인품이 호방하고 성실했다. 그는 무술로써 항상 공자를 수호했다. 스승에 대해서도 솔직한 의견을 개진했으며, 공자도 그의 만용과 거친 성격을 타이르는 경우가 많았지만, 가장 마음이 통했던 제자라 할 수 있다. 노나라와 위나라에서 벼슬을 했으나, 위나라 괴외蒯聵의 내란 때 전사했다. 그의 시체가 소금에 절여진 것을 알자 공자는 매우 슬퍼했다고 한다.

다. 이 점에서 공자가 바라는 정명은 단순한 명분의 고수가 아니다. 예를 들어 군자는 명분상 군자이기 위해서는 그 실로서의 인을 지녀야 하는 것이다.

엄격히 말한다면, 정명正名이란 바로 사상적 개념을 확립하는 것을 의미한다. 문화 사상의 중심이 바로 정명의 요점이며, 논리학에서는 개념을 분명히 구분하는 것을 정명이라고 할 수 있다.

"반드시 명분을 바로 세우겠다.(必也正名乎)"는 말은, 정치를 이야기하려면 먼저 사상을 분명히 리드할 수 있어야 한다고 말한 것이다. 문화 사상의 노선을 올바르게 리드해 나가는 것이 매우 중요하다는 뜻이다.

"군자는 모르는 일에는 입을 다물고 있는 법이다.(君子于其所不知, 蓋闕如也)" 이는 진정한 군자라면 어떤 일에 대해서 잘 모르면 제멋대로 결론 내려서는 안 된다는 뜻이다. 공자는 위정편에서도 자로에게 "아는 것을 안다고 하고, 모르는 것을 모른다고 하는 것이 참으로 아는 것이다.(知之爲知之, 不知爲不知, 是知也)"라고 일깨워 주었다. 모르는 것에 대해서 억지로 아는 체하지 말아야 한다. 이것이 군자의 품위이고 수양이다.

"명분이 바로 서지 않으면 말이 이치에 맞지 않게 된다.(名不正則言不順)"는 것은 정치사상의 핵심이다. 문화 사상적인 개념과 노선을 바로 세우지 않으면 그 말이 이론적으로 성립되지 않을 뿐 아니라 억지 주장이 되고 만다. 정치 발전은 "명분이 정당하면 말도 이치에 맞는다.(名正言順)"는 원칙에 충실해야 하는 것이다.

"말이 이치에 맞지 않으면 일이 이루어지지 않게 된다.(言不順則事不成)" 말이 이치에 맞지 않고 이론적으로 타당하지 않으면, 추구하는 일이 제대로 이루어지지 않는 것은 당연지사다. 궤변과 거짓으로 옳지 않은 일을 강제해서 요행을 바라는 것은 옳은 정치라 할 수 없다.

"일이 이루어지지 않으면 예악이 흥성하지 못하게 된다(事不成則禮樂不興)", "예악이 흥성하지 않으면 형벌이 적절하지 않게 되며(禮樂不興則刑罰不中)", "형벌이 적절하지 않으면 백성들은 손발을 제대로 둘 곳도 없게 된다.(刑罰不中則民無所措手足)" 이것은 문화적인 정권이 없으면 문화적인 사회가 있을 수 없고 입법 제도도 제대로 세울 수 없기 때문에, 법치의 튼튼한 기초를 마련할 수 없게 되어 백성들은 누구의 말을 들어야 좋을지 모르게 된다는 뜻이다.

여기에서 다시 정명의 문제와 사상 문화의 중요성을 음미해 보자. 문화 사상은 당장은 전혀 상관없는 것처럼 보이지만, 결과적으로 시대 조류를 형성하고 국가 운명에 대단히 큰 영향을 끼친다. 정치적 관점에서는 아무 관계도 없는 수많은 일들, 예를 들면 법조인들의 무분별한 법 집행, 기업인들의 문어발 내지는 지네발 경영, 과다한 음주운전, 쓰레기 함부로 버리기, 자동차 과속, 그리고 최근에 이슈가 되고 있는 지나친 음주와 주폭酒暴, 아울러 과도한 결혼 예물 등등은 민심을 어지럽히고 사회에 커다란 혼란을 초래하고 있다. 물질 지상주의로 인한 물질적인 탐욕과 피폐해진 인간정신에 의해서 살인과 폭력이 난무하고, 심지어는 청소년과 어린이 사회에까지 왕따와 물리적인 폭력이 만연하여 남녀노소 할 것 없이 자살이 끊이지 않는 사회가 되었다. 이는 정치 지도자가 국가 경영의 명분을 바로 세우지 못하여, 그에 따른 문화 사상의 왜곡으로 인하여 백성들이 어떻게 해야 할지를 모르는 실로 참담한 결과로 이어진 것이다. 경제적인 지표는 올라가는데, 국민들의 행복 지수는 그와 반대로 곤두박질치는 이유가 바로 여기에 있다.

그래서 결론적으로 "군자가 명분을 바로 세우면 반드시 말로 설명할 수 있게 된다.(君子名之, 必可言也)"고 한 것이다. 위정이란 사상 문화의 문제이며, 사상 문화와 언어 행위의 원칙은 바로 실천을 중시하는 것이다. "이치에 맞는 말을 하고 바로 실천하는 것(言之, 必可行也)"이 바로 정치철학의 최고 원칙이다. 문화적인 사상이 중요하며, 이 사상을 함축한 것이 바로 '정명正名'이다. 범위를 축소하면 바로 명칭과 개념이 중요하다는 것인데, 그것을 다시 말하면 "명분을 바로 세우는 것"이다.

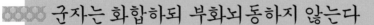

君子學 43講

군자는 화합하되 부화뇌동하지 않는다

공자께서 말씀하셨다.
"군자는 화합하되 부화뇌동하지 않고, 소인은 부화뇌동하되 화합하지 않
는다."

―「자로」13.23

子曰 : 君子和而不同, 小人同而不和.
자왈 군자화이부동 소인동이불화

자해(字解)

① 화和 : 온화하다, 화목하다. 즉 조화롭게 화합하는 것을 의미한다.
② 동同 : 같이하다, 모이다. 즉 부화뇌동 附和雷同하는 것을 의미한다.

　　공자는 '화和'와 '동同'이라는 서로 다른 개념으로써 군자와 소인을 구
분했다. 군자는 정직하고 사심이 없으므로 도리에 맞는 일에는 화합하지
만, 도리에 어긋나는 일에 부화뇌동하지 않는다. 소인은 사사로운 욕심이
많으므로 도리에 어긋나는 일에도 개인의 이익을 위해서는 부화뇌동하기
쉽다. '화和'의 정치적인 구현은 상생이다. 서로 다른 의견을 존중하여 보

완한다. 문화와 종교에 있어서는 서로 다른 단체와 종파를 인정하고 서로의 장점을 취하고 단점을 비평한다. 인간관계에 있어서는 화해하고 협조하며 서로 존중하고 배운다. 여기에서의 관건은 '공公'의 개념이다. '동同'은 이와는 상반된다. 정치적으로 자기와 다른 의견을 용납하지 못하며 자기주장만을 내세운다. 문화적으로는 다른 단체나 종파를 무시하고 오로지 자기들만이 절대 선이라 우긴다. 인간관계에 있어서는 권력에 아부하는 사람은 인간으로서의 존엄성은 없다. 여기에서의 중심 개념은 '화和'이다. "화합하되 부화뇌동하지 않는다.(和而不同)"는 말은 자신의 뜻과 생각을 견지하면서도 주변의 다른 의견들을 조화롭게 받아들인다는 뜻이다.

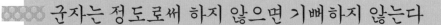

君子學 44講

군자는 정도로써 하지 않으면 기뻐하지 않는다

공자께서 말씀하셨다.

"군자는 섬기기는 쉬우나 기쁘게 하기는 어렵다! 기쁘게 하는 데 정도正道로써 하지 않으면 기뻐하지 않는다. 군자는 사람을 부릴 때 그릇에 맞게 쓴다. 소인은 섬기기는 어려우나 기쁘게 하기는 쉽다. 기쁘게 하는 데 비록 정도正道로써 하지 않아도 기뻐한다. 소인은 사람을 부릴 때 모든 것을 다 갖추고 있기를 바란다."

—「자로」13.25

子曰：君子易事而難說也! 說之不以道, 不說也. 及其使人也, 器之. 小人難事而易說也!
자왈 군자이사이난열야 열지불이도 불열야 급기사인야 기지 소인난사이이열야

說之雖不以道, 說也. 及其使人也, 求備焉.
열지수불이도 열야 급기사인야 구비언

자해(字解)

① 사事 : 섬기다.
② 열說 : 기쁘다. 음과 뜻이 '열悅'과 같음.
③ 불이도 不以道 : 정도正道로 하지 않는다.
④ 사使 : 부리다, 시키다.

⑤ 기器 : 그릇으로 쓰다.
⑥ 수雖 : 비록
⑦ 비備 : 갖추다, 준비하다.

　섬긴다는 말은 요즘 말로 모신다는 뜻이다. 가까이는 집안 어른, 직장
상사에서 넓게는 국회의원, 장관, 도지사, 시장에 이르기까지, 모시는 것
과 기쁘게 하는 것을 비유로 그 사람이 군자인지 소인인지 인간 됨됨이를
파악하는 방법론이라 할 수 있다.

　군자는 겸손하고 어질어 남을 배려하는 마음이 크기 때문에 아랫사람
이 섬기기가 쉽다. 그러나 기쁘게 해주기란 매우 어렵다. 도리에 어긋나는
일이나, 아첨하거나 뇌물과 향응으로는 기뻐하지 않기 때문이다. 또 사려
가 깊어 사람을 쓸 때에는 아랫사람을 신임하고 이해하면서 재능에 따라
장점을 취하여 기용한다.

　이에 반하여 소인은 마음이 좁고 남을 배려하는 마음보다는 모든 것
이 자기 위주이며, 또한 자신의 이익을 탐하는 마음이 크기 때문에 섬기기
가 어렵다. 그러나 기쁘게 해주기는 쉽다. 도리에 맞지 않더라도 아첨이나
거짓말, 뇌물이나 향응으로 쉽게 기쁘게 해줄 수가 있기 때문이다. 그리고
사람을 부릴 때는 뭐든지 다 할 줄 알기를 요구하기 때문에, 아랫사람일수
록 함께 일하기가 쉽지 않다. 지도자나 윗사람은 사람을 등용하거나 선발
할 때, 지나치게 높은 요구를 해서는 안 된다는 것을 강조한 말이다. 모든
일에 다 뛰어난 사람은 없기 때문이다.

군자는 항상 태연하며 교만하지 않다

공자께서 말씀하셨다.

"군자는 태연하나 교만하지 않고, 소인은 교만하나 태연하지 않다."

—「자로」13.26

子曰 : 君子泰而不驕, 小人驕而不泰.
자왈 군자태이불교 소인교이불태

자해(字解)

① 태泰 : 크다, 편안하다, 편안하여 구애됨이 없다.
② 교驕 : 교만하다, 거만하다.

군자는 겸손하고 공손하여 사람과 쉽게 어울리며 평등하게 대하고 스스로 남보다 뛰어났다고 여기지 않는다. 가슴은 열려 있으며 기도가 웅대하고 마음이 평안하여 남녀노소를 막론하고 예로써 대하되 조금도 태만함이 없다. 그러므로 마음이 편안하여 구애됨이 없이 한 점 교만함이 없다. 소인은 권세와 이익으로써 사람을 대하고, 윗사람에 아부하고 아랫사람을 억누르며 거들먹거린다. 일단 권력을 얻게 되면 오만방자하고 안하무인이 된다. 오로지 득을 쫓고 실을 근심하여 마음이 신실하지 못하니 존엄성을 잃고 항상 근심이 차 있어 태연하기가 어렵다.

군자는 덕을 숭상한다

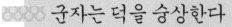

남궁괄이 공자께 물었다.

"예羿는 활을 잘 쏘았고, 오澆는 땅 위로 배를 끌고 다닐 만한 힘을 가졌지만, 모두 제 명에 죽지 못했습니다. 우왕禹王과 후직后稷은 몸소 농사를 지었는데도 천하를 얻었습니다."

공자께서 대답을 않으셨다. 남궁괄이 물러가자, 공자께서 말씀하셨다. "군자로다, 저 사람은! 덕을 숭상하는구나, 저 사람은!"

—「헌문」14.5

南宮适問於孔子曰 : 羿善射, 奡盪舟, 俱不得其死然. 禹稷躬稼,
而有天下. 夫子不答, 南宮适出.
남궁괄문어공자왈 예선사 오탕주 구부득기사연 우직궁가 이유천하 부자부답 남궁괄출

子曰 : 君子哉若人! 尙德哉若人!
자왈 군자재약인 상덕재약인

자해(字解)

① 남궁괄南宮适 : 노魯나라의 대부 남궁경숙南宮敬叔, 자는 자용子容.
② 예羿 : 하나라의 제후로서 유궁국有窮國의 군주. 하임금 상相을 멸하여 그 자리를 빼앗았는데 그의 신하 한착寒浞에게 살해되었다.
③ 오澆 : 한착寒浞의 아들로서 역사 力士, 소강小康에게 죽었다.

④ 탕주盪舟 : 손으로 배를 움직이다.

⑤ 구俱 : 함께, 모두.

⑥ 우직禹稷 : '우禹'는 하夏 왕조의 시조, '직稷'은 주周 왕조의 시조.

⑦ 궁가躬稼 : 몸소 곡물을 심다.

⑧ 약인若人 : 이와 같은 사람.

군자는 덕을 숭상함을 말한 것이다. 남궁괄은 고대의 역사를 예로 들어 공자에게 질문하였다. 당시 춘추시대에는 힘을 숭상하며 덕을 숭상하지 않았는데, 역사의 교훈은 힘을 숭상한 자는 말로가 좋지 못한 데 비해 덕을 숭상한 자는 마침내 천하를 얻었다는 것이 핵심 사상이다. 바로 패도 정치와 왕도 정치를 비유한 예이다.

후예后羿는 본디 유궁국有窮國의 임금으로, 하夏나라가 쇠약한 틈을 이용하여 하나라의 백성들을 복종시켜 하나라의 정권을 찬탈했다. 그러나 그는 자기의 활 솜씨를 믿고 정사를 돌보지 않고 사냥에만 빠졌으며, 어진 신하를 버려두고 한착寒浞을 재상으로 삼았다. 한착은 예가 사냥하도록 조장하고 예의 국민들을 모두 장악하였다. 예는 권세를 잃고, 한착에게 포섭당한 병사들에게 살해당했다.

오奡는 한착寒浞의 아들인데 대단히 힘이 세어 배를 육지에서 끌고 다닐 정도였다고 한다. 그도 좋은 죽음을 맞이하지 못하고 소강小康에게 살해당했다. 남궁괄은 "이 두 사람 중 한 사람은 활 솜씨가 대단히 훌륭하고, 한 사람은 엄청난 힘을 가졌음에도 둘 다 좋은 죽음을 맞이하지 못했다."고 말하면서, 우왕禹王과 후직后稷의 예를 들었다. 후직은 요임금의 농사農師로서, 고대 농업 사회를 건립하는 데 가장 공로가 컸으며, 바로 주왕조의 시조이다. 우왕과 후직은 예羿나 오奡처럼 야망이나 뛰어난 무력이 없이 그저 착실히 농사나 짓고 사는 지극히 평범하고 성실한 사람이었는데도 마침내 천하를 얻었다.

남궁괄은 여기에서 두 종류의 사람들을 예로 들어 대비시켰다. 하나는 수단과 방법을 가리지 않고 성공하여 그 권세가 대단했지만, 끝에 가서는 멸망한 부류를 지적하였다. 다른 하나는, 자기 분수에 맞게 성실한 삶을 사는 부류이다. 남궁괄은 이 문제를 제기했으며, 공자는 남궁괄의 말이 너무나 당연하여 가타부타 말할 필요가 없었을 것이다. 그리고 남궁괄이 물러가자, 제자들에게 남궁괄의 인품과 덕성을 칭찬하며 말한다. "이 사람의 생각이 이처럼 바르고 순수하니, 진정 대단한 군자다. 그 인품과 덕성이 참으로 훌륭하다!"

100년간의 왕권 싸움 '소강중흥少康中興'

계가 하나라의 왕이 되자 호씨屬氏 부락이 이에 반발해 일어났다. 계왕은 군사를 풀어 호씨 부락을 진압하고 잡아온 포로들은 노예로 삼았다. 그러자 다른 부락 사람들도 반항하지 못했다. 계왕이 죽은 다음에 아들 태강太康이 왕이 되었다. 태강은 무능한 사람으로서 정사는 돌보지 않고 매일 사냥만 다녔다. 한번은 시종들을 데리고 낙수의 남안으로 사냥을 나갔는데 사냥에 미쳐서 백 일이 되도록 집에 돌아오지 않았다.

황하 하류에 이족夷族이 있었는데 그 부락의 수령은 후예后羿였다. 그는 태강太康이 사냥을 나가서 돌아오지 않자 하나라의 왕권을 빼앗을 기회라고 생각하여 군사를 거느리고 가서 낙수洛水의 북안을 지켰다. 태강은 사냥한 동물들을 잔뜩 싣고 흥이 나서 돌아오다가 강 북쪽에 늘어서 있는 후예의 군대를 보고 놀라서 눈이 휘둥그레졌다. 궁으로 돌아갈 수가 없게 되자 그는 하는 수 없이 낙수 남쪽에서 발걸음을 멈추었다. 후예는 태강을 막기는 했지만 감히 왕위에 오르지는 못했고, 태강의 동생인 중강仲康을 허수

아비로 세워놓고 권력을 행사했다. 후예는 중강의 조수라는 명분으로 실권을 장악하고 있었는데 중강이 죽자 그의 아들 상相을 쫓아버리고 자신이 직접 하나라의 왕이 되었다. 그는 활 쏘는 재간을 믿고 마음대로 위세를 부리고 부귀를 누렸다. 또한 태강과 마찬가지로 정사를 친신親臣인 한착寒浞에게 맡기고 온종일 사냥에만 미쳐 돌아다녔다. 한착은 그 기회를 노려서 후예 모르게 인심을 농락한 후, 어느 날 후예가 사냥에서 돌아오자 사람을 보내어 살해했다. 비열한 수단으로 왕이 된 한착은 남들이 자신의 왕위를 빼앗아갈까 봐 매일 근심하였다. 그래서 예전에 후예가 쫓아낸 상相마저 죽여 버렸다. 그때 상의 아내는 임신 중이었다. 그녀는 자신과 아기의 목숨을 부지하기 위해 담 구멍을 통해 빠져 나가 본가가 있는 잉씨仍氏 부락으로 도망쳤다. 그렇게 해서 태어난 아들이 바로 소강少康이다.

소강은 커서 외할머니 집의 가축들을 돌보고 있었는데, 한착이 그를 잡으러 왔다. 소강은 순임금의 후대들이 사는 우씨虞氏 부락으로 도망쳤다. 어려서부터 어려운 환경에서 자라난 소강은 여러 가지 재간을 지니게 되었다. 그는 우씨 부락 사람들을 단합시켜서 자기의 대오를 만들었다. 그리고 하나라에 충직한 대신과 부락들의 도움을 얻어 마침내 한착을 물리치고 왕권을 되찾았다. 태강 때부터 소강 때까지 백여 년의 시간이 흐르는 동안 어지러운 싸움이 계속되었는데, 소강이 집정하고 나서야 비로소 나라가 안정되고 국력이 점차 회복되기 시작했다. 역사상 이를 '소강중흥少康中興'이라고 한다.

군자로서 인하지 못한 사람은 있을 수 있다

공자께서 말씀하셨다.

"군자로서 인하지 못한 사람은 있을 수 있다! 그러나 소인으로서 인한 사람은 없다."

—「헌문」14.6

子曰 : 君子而不仁者有矣夫! 未有小人而仁者也!
자왈 군자이불인자유의부 미유소인이인자야

자해(字解)

① 유의부 有矣夫 : 있을 수 있다. '의矣'는 어조사, '부夫'는 '~도다, ~구나'라는 뜻의 감탄사.

인仁의 어려움을 말한 것이다. 인은 얻기 어려운 반면 잃기는 쉽다. 군자는 인에 뜻을 두고 있지만, 체득하지 못하면 자칫 잘못하여 불인不仁할 수도 있다. 그래서 공자는 "군자가 인하지 않은 일은 있을 수 있다. 그러나 소인이 인할 수 있다는 것은 있을 수 없는 일이다."라고 말한 것이다. 소인은 본심이 사리사욕에 싸여 있으므로 소인으로서 인에 이르는 자는 절대로 있을 수 없다.

그리고 여기에서의 군자는 도덕군자라기보다는 신분 지위로서 군자의 위에 있는 자로 보는 것이 타당할 것이다. 즉 군자의 지위, 높은 자리에 있는 사람이라 할지라도 인하지 못한 사람은 있을 수 있다는 뜻이다.

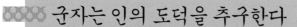

君子學 48講

군자는 인의 도덕을 추구한다

공자께서 말씀하셨다.

"군자는 위로 통달하고, 소인은 아래로 통달한다."

—「헌문」14.23

子曰 : 君子上達, 小人下達.
자왈 군자상달 소인하달

자해(字解)

① 달達 : 통달하다.

　　군자와 소인의 차이를 말하였다. 상달上達은 형이상학적인 것, 이성적인 것이며, 하달下達은 형이하학적인 것, 현실적인 것을 의미한다. 상달과 하달의 갈림길은 이성에 따르느냐 욕망에 따르느냐에 있다. 그래서 군자는 형이상학적인 인의 도덕을 추구하고, 소인은 형이하학적인 재물과 이익을 추구한다고 해석할 수도 있다. 군자와 소인의 평소 의식의 흐름을 지적한 것이며,「이인」편의 "군자는 덕을 생각하나 소인은 땅(토지 같은 재부)을 생각한다. 군자는 법을 생각하나 소인은 혜택만을 생각한다.(君子懷德, 小人懷

土. 君子懷刑, 小人懷惠)”, “군자는 의리에 밝고, 소인은 이익에 밝다.(君子喩於義,

小人喩於利)”는 것과 같은 의미이다.

군자는 본분에 충실한 생각을 한다

증자께서 말씀하셨다.

"군자는 생각이 그 지위에서 벗어나지 않게 한다."

―「헌문」14.26

曾子曰 : 君子思不出其位.
증자왈 군자사불출기위

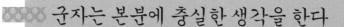

자해(字解)

① 사思 : 생각.
② 기위其位 : '기其'는 그, 그것. '위位'는 직위, 군신君臣간, 부자父子간의 위치.

  이 말은 바로 앞 단락의 "그 직위에 있지 않으면, 그 정사를 논하지 않는다.(不在其位, 不謀其政)"는 말과 연관되어 있다. 공자는 내가 현재 그 자리에 있지 않다면, 그 자리에 속하는 정사나 직무에 대해 왈가왈부하지 말라고 말했다. 이는 오늘날 민주주의에서 국가의 대소사에 대해서 민의로써 비판하는 일을 부정하는 것이 아니라, 전임자나 전관이 사사로이 정사에 간섭하는 것을 경계한 말이다. 전직 대통령이 후임 정권에 대해 잘잘못을 논하는 것이 바람직하지 않다는 뜻이다. 전관예우 같은 작태를 경계해야 한다는 의미로도 확대해석할 수 있다. 정사政事는 정치를 담당하는 정권 담당자가 하도록 내버려두고 모두들 관여하지 말라는 말이 결코 아니다. 공자는 노나라 대사구大司寇를 지냈다. 노나라의 국정을 누구보다 잘 알고 있는 공자에게 누군가가 노나라의 정치에 대해서 묻자, 그에 대해서 언급하지 않았다는 뜻이다. 물론 노나라 정치가 훌륭했다면 '훌륭하다'라고 언급했겠지만, 현실 정치에 부담을 줄 수도 있기 때문에 "그 직위에 있지 않으면, 그 정사를 논하지 않는다."라고 말할 수밖에 없었을 것이다.

남송의 유명한 장수 한세충韓世忠은 화의에 반대하면서 진회秦檜가 나라를 그르친다고 상소하다가 병권을 박탈당하고 파직된 후에는 두문불출하면서 술이나 마시며 나귀를 타고 서호西湖를 돌아다니며 국가 대사에 대해서 일절 입에 올리지 않았다고 한다. 이에 대한 후세 사람의 명시 한 편이 심금을 울린다. "영웅은 늙으면 모두 불법에 귀의하고, 노련한 장수는 산으로 돌아온 후에는 병법을 논하지 않는다.(英雄到老皆歸佛, 宿將還山不論兵)" 중화민국의 건립 후에 1916년부터 1920년까지 중화민국의 최고 권력자였으며, 중화민국의 국무총리와 임시 집정을 역임한 단기서(똰치루이, 段祺瑞)는 권력에서 물러난 후 불교에 심취했다. 단기서는 탐욕스럽고 사악했던 다른 군벌과는 달리 개인적으로는 매우 좋은 성품을 가졌으며, 술, 담배, 호색, 도박, 치부, 점술을 멀리하여 '육불총리六不總理'라는 이름을 남겼다. 그는 1926년 학생들의 애국 시위를 유혈 진압한 3·18사태에 즉시 현장으로 달려가 사망자들 앞에 무릎을 꿇고 오랫동안 일어서지 않았다고 한다. 그리고 불심이 깊어 집에 불당을 차려놓고 매일 참배했으며, 항상 채식을 하였고, 스스로 '정도거사正道居士'라고 칭하였다.

"군자는 생각이 그 지위에서 벗어나지 않게 한다.(君子思不出其位)"는 말은 군자가 현실을 생각하는 데 있어서 자신의 분수를 지켜야 한다는 의미이다. 헛되이 공상이나 망상을 하지 말며, 자신의 직위뿐 아니라, 부모 형제와 친지 등 일반적인 자기 위치에서 본분에 충실한 생각을 하라는 말이다. 말과 행동은 평소의 생각에서 나오는 법이다. 과장이 장관처럼 생각하고 행동하며, 평사원이 사장이나 회장 흉내를 내어서는 곤란하다는 것이다. 평소 현실과 동떨어진 생각이 많으면, 자기 앞에 펼쳐진 바른 길을 가기 어려워지는 법이다.

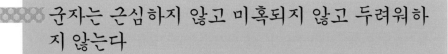

君子學 50講

군자는 근심하지 않고 미혹되지 않고 두려워하지 않는다

공자께서 말씀하셨다. "군자의 도에는 세 가지가 있는데, 나는 행하지 못하고 있다. 인한 사람은 근심하지 않고, 지혜로운 사람은 미혹되지 않고, 용기 있은 사람은 두려워하지 않는다."

자공이 말하였다. "선생님께서 자신을 두고 하신 말씀이다."

―「헌문」14.28

子曰 : 君子道者三, 我無能焉. 仁者不憂, 智者不惑, 勇者不懼. 子貢曰 : 夫子自道也.

자왈 군자도자삼 아무능언 인자불우 지자불혹 용자불구 자공왈 부자자도야

자해(字解)

① 우憂 : 근심하다.

② 혹惑 : 미혹하다.

③ 구懼 : 두려워하다.

④ 자도야自道也 : 여기에서 '도道'는 말하다.

인자불우는, 군자란 인자애인仁者愛人의 정조와 자신에게 엄격히 하고

남에게는 관대한 정신을 갖출 것을 요구한다. 인의 속성은 '사람을 사랑함'이라 하여 관념적인 인식의 대상이 아닌 실천적이며 도덕적인 행위이며, 그 실천 방법은 자기를 비추어 남을 이해하고자 하는 것으로서 "자신이 서고 싶으면 먼저 남을 내세워주고, 자신이 도달하고자 할 때에는 남을 먼저 도달하게 하는 것이라고 하였다.(己欲立而立人, 己欲達而達人)" 또한 "내가 싫어하는 바를 남에게 시키지 말라(己所不欲, 勿施於人)"는 말은 바로 인자애인 정신의 구체적인 실천이다. 그래서 공자는 인자애인 정신이야말로 군자가 갖추어야 하는 덕목임을 강조했다. 공자는 항상 "군자가 도를 배우고 남을 사랑하기(君子學道則愛人)"를 강조했으며, 제자들이 "인에 뜻을 두고(志於仁)", "인에 따르기(依於仁)"를 원했으며, 특히 인자는 "삶을 구하기 위해서 인을 해치지 않으며, 자신을 희생하여 인을 이룰 것을(志士仁人, 無求生而害仁, 有殺身而成仁)" 주장했다. 이러한 군자는 내심으로 반성하여 아무런 잘못이 없는데(內省不疚) 무엇을 근심하겠는가?

지자불혹은, 군자는 박학다식한 학문과 실사구시의 학풍을 갖출 것을 요구한다. 군자는 지자여야 하며, 박학다식한 학문을 지녀야 할 뿐만 아니라, 더욱 더 엄격한 실사구시의 학풍을 갖추어야 하며, 겸허하고 사양하는 태도를 구비해야 한다. 오직 이렇게 해야만 군자는 비로소 '지자불혹'에 이르러 군자의 인격 경계에 들 수가 있는 것이다. 공자는 지智에 대해 여러 가지를 주장했는데 그중에서 대표적인 것이 "아는 것을 안다고 하고, 모르는 것을 모른다고 하는 것이 참으로 아는 것(知之爲知之, 不知爲不知, 是知也)"이다. 여기에서 공자가 말한 지란 스스로를 문제 삼는 자아의식에 입각하여, 선택할 것과 거절할 것을 알고 있다는 것이다. 이것은 곧 자기 자신에 대해서 자아의 행동 목표가 무엇인지 알아서 그 목표에 부합하는 것을 택하고 그렇지 않은 것을 거절하는 것, 즉 행위의 목표에 대한 시시비비를 가리는 선택 평가의 지智이다. 그래서 미혹되지 않는다는 것이다.

　용자불구는, 군자는 의를 숭상하고 실천을 중히 여기는 용기와 진퇴를 굳건히 견지하는 의지력을 요구한다. 인자는 흉금이 탄탄하고 확연하니 근심이 없고, 지자는 사물의 변별력이 뛰어나고 시시비비를 가리는 데 분명하니 고로 미혹되지 않으며, 용자는 의로움을 보면 용감히 나서며 포악한 세력에 뜻을 굽히지 않으니 고로 두려움이 없다. 군자에게 용덕勇德이 있다는 것은 두려움이 없다는 것을 말한다. 용감하다는 것은 군자 인격의 기본적인 요구 조건이라고 공자는 생각했다. 그리하여 공자는 '군자지용君子之勇'을 매우 중시했다. 『논어』에서 공자의 제자 자로子路가 공자에게 "군자는 용맹을 숭상합니까?(君子尙勇乎)"라고 묻자, "군자는 정의를 숭상한다. 군자가 용맹하면서 정의를 무시하면 난동을 부리고, 소인小人이 용맹하면서 정의를 무시하면 도둑질을 한다.(君子義以爲上, 君子有勇而無義爲亂. 小人有勇而無義爲盜)"고 대답했다. 공자는 여기에서 비록 '의'를 강조했지만, 동시에 '용'을 긍정했다. 다만 군자君子는 '용'이 있어야 할 뿐만 아니라 '의' 또한 있어야 한다고 생각했던 것이다. 더욱이 '의'가 으뜸이며, '의'로써 '용'을 절제함으로써 '군자지용'이 된다고 여겼다. 그래서 "옳은 일임을 알고 행하지 않는 것은 용기가 없는 것(見義不爲, 無勇也)"이라 했던 것이다.

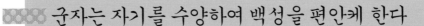

君子學 51講

군자는 자기를 수양하여 백성을 편안케 한다

자로가 군자에 대하여 묻자, 공자께서 말씀하셨다. "자기를 수양하여 공경하게 하는 것이다." "그렇게만 하면 됩니까?"

"자기를 수양하여 남을 편안히 해 주어야 한다."

"그렇게만 하면 됩니까?"

"자기를 수양하여 백성을 편안케 해 주어야 한다. 자기를 수양하여 백성을 편안케 해 주는 일은 요순(堯舜)도 고심하였다."

—「헌문」14.42

子路問君子. 子曰 : 修己以敬. 曰 : 如斯而已乎? 曰 : 修己以安
人. 曰 : 如斯而已乎?
자로문군자 자왈 수기이경 왈 여사이이호 왈 수기이안인 왈 여사이이호

曰 : 修己以安百姓. 修己以安百姓, 堯舜其猶病諸.
왈 수기이안백성 수기이안백성 요순기유병제

자해(字解)

① 안인安人 : 남을 편안하게 해주다.
② 유猶 : 오히려.
③ 병제病諸 : '병病' 은 근심하다, 걱정하다. '제諸' 는 어조사.

이 장은 군자의 도에 대해 논한 것이다. 사람에게 있어 대도大道란 모두를 편안하게 하는 것보다 더 큰 것이 없으니, 모두를 편안케 하는 것은 자기를 편안케 하는 데서 출발한다. 자기를 편안케 하는 것은, 자기를 수양하여 몸가짐과 언행을 공경하게 하는 데서 시작된다. 자기를 수양하지 않으면, 자기가 편안하지 않고, 가정이 편안하지 않고, 사회가 편안하지 않고, 나라가 편안하지 않으니, 천하가 편안치 못하다. 그러므로 백성을 편안케 하고 천하를 편안케 하는 요체가 바로 '수기이경修己以敬', 즉 자기를 수양하여 공경하게 하는 것이다.

군자는 '수기修己'를 통해서 '경敬'에 이를 수 있고, '안인安人'할 수 있으며, 최종 목표는 '안백성安百姓'을 위한 것으로, 즉 널리 백성을 안정시켜야 진정한 군자가 될 수 있다는 것이다.

君子學 52講

군자는 곤궁함을 잘 견딜 수 있다

진나라에서 양식이 떨어지고, 따르던 제자들은 병이 나서 모두 일어서지를 못하였다.

자로가 원망하며 찾아뵙고 말하였다. "군자도 궁할 때가 있습니까?"

공자께서 말씀하셨다. "군자는 궁함을 견딜 수 있지만, 소인은 궁해지면 함부로 행동한다."

—「위영공」15.2

在陳絶糧, 從者病, 莫能興. 子路慍見曰 : 君子亦有窮乎? 子曰 : 君子固窮, 小人窮斯濫矣.

재진절량 종자병 막능흥 자로온현왈 군자역유궁호 자왈 군자고궁 소인궁사람의

자해(字解)

① 막능흥莫能興 : '막莫'은 없다, '흥興'은 일어서다.

② 온慍 : 화를 내다, 원망하다.

③ 고궁固窮 : 곤궁한 것을 잘 겪어내다.

④ 사斯 : 죄다, 모두.

⑤ 람濫 : 함부로 하다.

곤궁에 처했을 때의 몸가짐을 말한 것이다. 군자라야 궁함을 견딜 수 있다. 군자는 비록 빈곤에 처하더라도 신념이 굳건해서 흔들리지 않을 수 있다. 소인은 그 반대여서 궁해지면 무슨 짓이든 할 수 있다. 궁함을 참을 수 없으면 군자라 할 수 없다.

그런데 궁함을 참을 수 있는 정신적인 힘은 어디에서 나올까? 인자불우仁者不憂이다. "어질지 못한 사람은 오래 곤궁한 곳에 머물지 못하고 안락한 곳에서 오래 머물지 못한다. 인자는 인에 안주하고 지자는 인을 이롭게 한다.(不仁者, 不可以久處約, 不可以長處樂. 仁者安仁, 知者利仁)" 인仁이란 인간 도리의 근본이며, 인이 있고 나서야 현실에 안주할 수 있고, 쓰임새가 있으며 자유자재할 수 있다. 인한 사람만이 빈천의 분수에 맞게 순응하고, 빈천에 안주하고 부귀의 분수에도 순응하여 평상심을 유지할 수 있는 것이다. 마치 안연처럼 "단사표음簞食瓢飮에 누추한 거리에 살아도 즐거움이 줄어들지 않는" 것과 같은 것이다.

십년한창十年寒窓이란 말이 있다. 십년한창은 외부와 접촉을 끊은 채 열심히 공부하는 오랜 세월을 비유하는 말이다. 이 말은 중국의 금金나라 때 유기劉祁가 지은 『귀잠지歸潛志』에 "옛사람이 이르기를, 10년 동안 창문 아래에서 찾는 이 없어도, 한 번 이름을 날리면 온 세상이 다 알게 된다.(古人謂 十年窓下無人問, 一擧成名天下知)"에서 유래된 것이다. 옛날에는 과거 시험에 급제하는 것이 거의 유일한 출세 길이었다. 따라서 선비들은 학문에 전념하느라 외부와 접촉을 끊고 살기 일쑤였으므로 창문을 두드리며 찾는 사람도 없다는 말이다. 이는 또한 십 년이란 긴 세월동안 곤궁함을 견디어 낸다는 의미이기도 하다.

君子學 53講

군자는 나라에 올바른 도가 행해지지 않으면 벼슬에서 물러난다

공자께서 말씀하셨다. "강직하구나, 사어史魚는! 나라에 올바른 도가 행해져도 화살처럼 곧고, 나라에 올바른 도가 행해지지 않아도 화살처럼 곧구나. 군자로다, 거백옥蘧伯玉은! 나라에 올바른 도가 행해지면 벼슬을 하고, 올바른 도가 행해지지 않으면 재능을 거두어 감추어 둘 수 있구나."

—「위영공」15.7

子曰 : 直哉史魚! 邦有道如矢, 邦無道如矢. 君子哉蘧伯玉! 邦有道則仕. 邦無道則可卷而懷之.
자왈 직재사어 방유도여시 방무도여시 군자재거백옥 방유도즉사 방무도즉가권이회지

자해(字解)

① 사어史魚 : 위나라 대부, 이름은 추鰌, 자는 자어子魚
② 여시如矢 : 화살과 같이 곧다. 강직하다.
③ 거백옥蘧伯玉 : 위나라 대부. 성은 거蘧, 이름은 원瑗, 백옥伯玉은 자.
④ 권이회지卷而懷之 : (재능을) 거두어 품고 사람에게 보이지 않게 숨기다.

　　사어史魚의 강직함과 거백옥의 군자다움을 대비하여 평한 것이다. 위나

라 대부 사어야말로 강직한 사람이다. 나라에 도가 행해질 때도 화살과 같이 직언을 서슴지 않고, 나라에 도가 행해지지 않을 때도 직언과 곧은 행동을 꺼리지 않았다. 자신의 직책을 천직으로 여기며, 어떠한 상황에서도 주어진 본분을 다하는 강직한 사람의 전형이다. 정권이 바뀔 때마다 바람이 불 때마다 지조와 원칙이 흔들리는 오늘날 대한민국 관료 사회에서 너무나도 필요한 사람이다.

거백옥蘧伯玉은 국가 사회가 올바른 방향으로 나아갈 때는 지닌 재능을 다 드러내어 나라에 충성을 다하지만, 지도자가 무능하여 나라가 문란하여 더 이상의 개선의 여지가 없을 때는 자신의 재능을 둘둘 말아 감추고 세상에 나타나지 않았다는 것이다.

「헌문」편에 "나라에 도가 있으면 말과 행동을 바르게 할 것이며, 도가 없으면 행동은 바르게 하되 말은 삼가 할 것이다.(邦有道, 危言危行; 邦無道, 危行言孫)"라는 말이 나온다. 공자는 나라에 도가 있고 없고를 막론하고 행동을 바르게 하라고 가르쳤다. 이는 사어의 강직함이 좋은 예이다. 군자는 언행을 삼가 해야 한다. 만일 나라에 도가 행해져서 임금이 어질고 신하도 바르면 말할 것은 단호히 말하고, 행동 또한 엄격하게 행한다. 만일 나라에 도가 없으면 일신의 행동은 변함없이 곧고 바르게 할 일이지만, 말만은 언제나 삼가며 조심해야 한다. 난세에는 순리와 인의가 통하지 않으므로 설화舌禍로 재난을 당한 예가 역사상에 무수히 많다. 요즘도 우리 사회에서 말 한마디 잘못하여 여론의 뭇매를 맞는 경우가 종종 있다. "화는 입으로부터 나온다(禍從口出)"는 말이 있다. 현대는 말이 범람하는 시대이다. 신문과 방송, 특히 트위터, 페이스북과 같은 SNS(social network service)를 통한 말의 전파는 상상을 초월하며, 그에 따른 부작용 또한 끊이지 않고 있다. 말이 겸손하다는 것은 바로 마음이 겸손하다는 것이다. 결국에는 마음 수련,

수양을 통해 자아성찰이 절실한 때이다.

　그러나 오늘날 민주사회에서 나라에 도道가 있고 없는 것과 상관없이 언행을 바르게 해야 하지만, 특히 도가 없을 때에도 바른 행동은 물론 바른 말로써 잘잘못을 엄격히 비평하고 정론을 제기하여야 위정자들이 함부로 정치를 하지 않을 뿐 아니라, 국가와 사회가 안정과 번영을 이룰 수 있는 것이다.

君子學 54講

군자는 천명을 두려워해야 한다

공자께서 말씀하셨다.

"군자가 두려워할 일이 셋 있으니, 천명을 두려워해야 하고, 대인을 두려 워해야 하고, 성인의 말씀을 두려워해야 한다. 소인은 천명을 알지 못하기 때문에 두려워하지 않고, 대인을 대수롭지 않게 여기며, 성인의 말씀을 업신여긴다."

—「계씨」16.8

孔子曰 : 君子有三畏. 畏天命, 畏大人, 畏聖人之言. 小人不知天命而不畏也. 狎大人, 侮聖人之言.

공자왈 군자유삼외 외천명 외대인 외성인지언 소인부지천명이불외야 압대인 모성인지언

 자해(字解)

① 외畏 : 두려워하다.
② 압狎 : 업신여기다, 가벼이 보다.
③ 모侮 : 업신여기다, 얕보다.

군자에게는 끊임없이 자아를 성찰하게 하는 그 무언가가 있어야 한다. 그래야 내면의 자아가 당당하고 정의로울 수 있다. 내가 두려워하고, 그

래서 항상 자신을 비춰보는 거울 같은 것, 그것이 바로 외경의 대상이다. 여기에서 공자는 세 가지를 제시했다. 천명과 대인, 그리고 성인의 말씀이다.

"천명을 두려워해야 한다.(畏天命)" 천지자연의 섭리인 천명은, 종교적 신앙과 같은 것이다. 「위정」편의 '오십이지천명(五十而知天命)'은 공자가 나이 오십이 되어 하늘이 부여한 숙명과 사명을 인식하고 조금도 태만하거나 소홀하지 않고 그 사명을 완성해 나갔음을 의미한다. 인생 오십이면 타고난 자신의 천명을 체득하여 가야 할 길과 가지 말아야 할 길을 구별하여 실천해야 한다. 능력의 한계, 명예와 지위의 한계, 재물의 한계, 욕망의 한계에 대하여 스스로를 가늠할 줄 알아야 군자라고 할 수 있다.

"대인을 두려워 해야 한다.(畏大人)" 여기에서 대인이란, 높은 벼슬의 사람, 연장자, 도덕과 학문이 있는 사람, 종교적인 스승 등, 나의 행위를 꿰뚫어 볼 줄 아는 사람을 뜻한다. 누군가가 항상 나를 지켜보고 있다고 생각한다면 스스로의 언행을 반듯이 할 것이다. 물론 하늘이 알고 땅이 안다는 말이 있지만, 평소에 그것을 인지하지 못하기 때문에 남들이 보지 않는 곳에서 행동이 흐트러지기 쉽다. 바로 이것을 경계해야 한다는 뜻이다. 요즘은 CCTV에 비치는 자신의 모습을 경계하고 두려워해야 할 것이다. 언제 어디서나 나의 일거수일투족을 주시하고 있기 때문이다. 그래서 군자는 홀로 있을 때 삼가 행동해야 하는 것이다. 옛 성현들은 신독慎獨, 불괴옥루不愧屋漏(사람이 보지 않는 곳에서도 부끄러움이 없는 것)와 같은 글귀로써 스스로를 다스렸던 것이다.

"성인의 말씀을 두려워해야 한다.(畏聖人之言)" 논어와 같은 동양의 고전, 성경 혹은 불경을 읽는 것은 모두 성인의 말씀을 따르기 위한 것이며, 자아성찰과 수양의 지침이 된다.

이와 반대로 소인은 천명을 알지 못하므로 두려운 것이 없다. 그래서 대인을 함부로 대하며, 성인의 말도 두려워하지 않는 것이다. 제멋대로 아무 생각 없이 사는 사람이라 할 수 있다.

군자는 의를 바탕으로 삼는다

공자께서 말씀하셨다. "군자는 의를 바탕으로 삼고, 예로써 행하며, 겸손하게 말하고, 신의로써 이룬다. 그래야 군자이다."

—「위영공」15.18

子曰 : 君子義以爲質, 禮以行之, 孫以出之, 信以成之, 君子哉!
자왈 군자의이위질 예이행지 손이출지 신이성지 군자재

 자해(字解)

① 질質 : 바탕, 본질.
② 손孫 : 겸손하다. '손遜'과 통용.
③ 출지出之 : 표현하다, 말하다.
④ 신信 : 성실, 신의.

　　공자는 군자의 행위 양식에서 네 가지 원칙을 제시하였으니, 바로 의義·예禮·손孫·신信이다. 우선 본질적으로 의義를 기본 바탕으로 해야 한다. 의義란 곧 '마땅함', 즉 '적당하다, 알맞다'는 것이며, 전통적인 인의仁義, 즉 인격의 표준으로 군자 내면의 수양에 속한다. 본질로서의 의義가 외면에 표출된 것이 예禮이다. 행동을 예에 따라 행해야 함을 의미한다. 그 다음이 겸손이다. 말을 표현함에 있어서 겸손하고 공손해야 한다는 것이다. 마지막으로 일을 처리함에 있어서 신의와 정성을 다해야 믿음을 얻을 수 있다. 이렇게 함으로써 내재적인 본질과 세 가지 외재적인 표현이 결합하여 행위가 단정하고 완전한 군자가 될 수 있다는 것이다.

군자는 자기의 무능함을 걱정한다

공자께서 말씀하셨다. "군자는 자기의 무능함을 걱정하고, 남이 자기를 알아주지 않는 것을 걱정하지 않는다."

―「위영공」15.19

子曰 : 君子病无能焉, 不病人之不己知也.
자왈 군자병무능언 불병인지불기지야

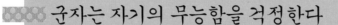 자해(字解)

① 병病 : 걱정하다, 근심하다.
② 능能 : 재능, 학덕을 쌓아 이룬 능력.

「학이」편에 "남이 자신을 알아주지 않는 것을 걱정하지 말고, 내가 남을 알지 못함을 걱정하라(不患人之不己知, 患不知人也)"라 하였고, 「이인」편에 "벼슬 없음을 근심하지 말고, 그런 자리에 설 능력을 근심할 것이요, 남이 나를 알아주지 않음을 근심 말고 남에게 알려질 능력을 구하라(不患無位, 患所以立. 不患莫己知, 求爲可知也)"라 하였는데, 모두 같은 말이다. 자신을 돌이켜 살펴보고 자신에게 충실히 하라는 말이다. 그래서 군자는 신독愼獨, 즉 홀로 있을 때 도리에 어긋나지 않도록 조심하여 말과 행동을 삼가며, 내면의 수양과 학문에 정진하여 스스로 능력을 극대화시키는 것이 중요하다는 의미이다.

괄목상대刮目相對라는 말이 있는데, 항상 스스로를 갈고 닦는다는 뜻이다. "선비는 헤어진 지 사흘이 지나면 눈을 비비고 다시 대하여야 할 정도로 발전해 있어야 하는 법이다.(士別三日, 卽當刮目相對)" 중국 삼국시대 초엽에 오왕吳王 손권孫權의 휘하에 여몽呂蒙이라는 장수가 있었는데, 그는 원래 무식한 사람이었으나 손권으로부터 공부하라는 충고를 받고는 "손에서 책을 놓지 않고(手不釋卷)" 학문에 정진하여 괄목할 만큼 박식해진 데서 유래된 말이다. 신독 후에는 반드시 괄목상대가 뒤따르게 마련이다.

군자는 역사에 공헌하고 인류에 헌신해야 한다

공자께서 말씀하셨다.

"군자는 죽은 후에 이름이 일컬어지지 않을까 근심한다."

—「위영공」15.20

子曰 : 君子疾沒世而名不稱焉.

자왈 군자질몰세이명불칭언

자해(字解)

① 질疾 : 근심하다.
② 몰세沒世 : 죽다.
③ 명불칭名不稱 : 이름이 일컬어지지 않다.

명예를 탐하는 것은 사람들의 공통된 욕망이다. 스스로 약간의 재주가 있으면 곧 남이 알고 칭찬해 주기를 바란다. 그러나 명예는 탐한다고 얻어지는 것이 아니다. 군자는 인격을 완성하는 데 힘쓰며 허명을 탐하지 않는다. 군자는 명성을 가벼이 여기고 실질을 숭상한다고 하나 그래도 명성을 얻을 만한 선업善業을 남길 수 있어야 한다. 군자는 자기가 죽은 후에 역사상 이름이 남지 않고 속절없이 사라져 초목과 함께 썩어가게 되지 않을까 근심한다. 그 이름을 명예롭게 하려면 사회에 대해 진정으로 봉사하고 공헌해야 한다. 참다운 명예는 역사에 공헌하고, 인류에 헌신해야 얻어지는 것이다. 「옹야」편에서도 "만약 백성들에게 은혜를 베풀고 많은 사람들을 구제한다면, 어찌 인이라고만 하겠는가? 성덕聖德임에 틀림없다!(如有博施於民而能濟衆, 何事於仁? 必也聖乎!)"라고 설파하고 있다.

사실 군자는 죽은 후에 이름이 일컬어지지 않을까 근심해서도 안 된다. "군자는 근심하지도 않고 두려워하지도 않으며(君子不憂不懼)", "내심으로 반성하여 잘못이 없는데, 무엇을 근심하며 무엇을 두려워하겠는가?(內省不疚, 夫何憂何懼)" 군자는 평소의 언행이 공명정대하여, 반성하여도 내심에 아무런 허물이 없으니, 무엇을 근심하고 무엇을 두려워하겠는가? 오직 인의에 바탕을 두고 자기의 본분을 다하며, 자신이 바로 서려함과 동시에 남을 바로 서게 하고(己欲立而立人), 자신이 이루려함과 동시에 남을 이루게 하며(己欲達而達人), 자신의 예로써 남의 처지를 미루어 보는(能近取譬) 삶이면 능히 그 이름이 일컬어지지 않겠는가!

군자는 모든 것을 자신에게서 구한다

공자께서 말씀하셨다.

"군자는 자신에게서 구하고, 소인은 남에게서 구한다."

—「위영공」15.21

子曰 : 君子求諸己, 小人求諸人.
자왈 군자구저기 소인구저인

자해(字解)

① 구저기求諸己 : 자기에게서 구하다. '저諸'는 '～에'라는 뜻의 어조사.
② 구저인求諸人 : 남에게서 구하다.

자기 자신에게서 구하느냐, 아니면 남에게서 구하느냐는 사물에 대한 두 가지 서로 다른 태도이다. 전자는 자력갱생自力更生으로 스스로 자립하는 것을 말하며, 어떤 일이든 스스로 해내며, 잘못이 있다면 자신이 책임을 진다. 후자는 남의 도움에 의지하며 어떤 일이 있으면 남을 찾고, 문제가 생기면 남을 탓한다. 군자는 어떠한 일이든 모두 자신에게 엄격히 요구한다. 스스로를 반성하고 차이점과 원인을 찾는다. 이는 자아의식의 각성이다. 그러나 소인은 이와 상반된다. 어떤 일이든 남에게 책임을 전가하고 자기에게 관대하고 남에게 각박하다. 한 사람의 인격체를 둘러싸고 일어나는 모든 일들은 그 사람 자신의 것이다. 그러므로 스스로 감당해야 한다. 그래야 군자이다.

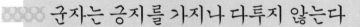 군자는 긍지를 가지나 다투지 않는다

공자께서 말씀하셨다.

"군자는 긍지를 가지나 다투지 않으며, 여럿이 어울려도 파벌을 만들지 않는다."

—「위영공」15.22

子曰 : 君子矜而不爭. 群而不黨.
자왈 군자긍이부쟁 군이부당

자해(字解)

① 긍矜 : 자랑하다, 긍지.
② 군群 : 무리, 떼, 떼를 짓다.
③ 당黨 : 무리, 한동아리. 주의·사상 등이 같은 사람들에 의하여 조직되는 정치 결사結社.

　　군자가 되려면 내면의 수양을 통한 긍지를 가지되 남들과 다투지 않아야 한다. 긍矜은 내심으로 절개가 있어 궁하여 죽더라도 절대로 머리를 수그리지 않는 자존심이다. 대쪽 같은 기개와 인자애인의 정조로서 지인들과 교류하는 것을 즐기며 조화로운 사회를 만들어 가지만, 사리사욕이나 공명功名을 위해서 이익집단 같은 파벌을 만들지 않는다. "군자는 화합하되 뇌동雷同하지 않고, 소인은 뇌동雷同하되 화합하지 않는다.(君子和而不同, 小人同而不和)"는 말과 비슷한 의미이다.

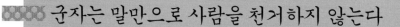

군자는 말만으로 사람을 천거하지 않는다

공자께서 말씀하셨다.

"군자는 말만을 근거로 사람을 천거하지 않으며, 사람을 근거로 말을 버리지 않는다."

—「위영공」15.23

子曰 : 君子不以言擧人, 不以人廢言.
자왈 군자불이언거인 불이인폐언

자해(字解)

① 거인擧人 : 사람을 천거하다.
② 폐언廢言 : 말, 의견을 버리다

다른 사람의 말 한마디를 듣고 어떤 사람이 전적으로 옳다거나 그르다고 판단해서는 안 된다는 뜻이다. 아울러 어떤 사람에게 좋지 않은 점이 있다고 해서 그의 좋은 의견까지도 무시해서는 안 된다는 말이다. 이는 사람은 겉으로 드러난 모습과 내재된 모습이 다를 수 있기 때문이다. 그리고 사람을 판별할 때 경솔히 판단해서는 안 됨을 상기시키는 것으로, 남들의 평판만으로 사람을 평가해서는 안 됨을 경계한 말이다.

국회 인사 청문회에서 종종 이와 관련된 상황을 보게 된다. 비리와 부적절한 처신으로 도마에 오른 후보자들을 천거한 사람은 분명 말만으로 천거했음이 틀림없다. 그리고 야당과 언론에서 부적절하다고 평가받은 사람에게 예의염치를 알고 제때에 사퇴할 줄 아는 최소한의 용기와 염치를 요구해야 한다.

위영공衛靈公의 "많은 사람들이 미워하여도 반드시 살펴보아야 하고, 많은 사람들이 좋아하더라도 반드시 살펴보아야 한다.(衆惡之, 必察焉; 衆好之, 必察焉)"는 말은 이에 대한 보충 설명으로 보여진다. 사람을 평가하는 이 두 가지 원칙은 어떻게 하면 진실을 알 수 있는가라는 문제를 제기한 것이다. 사람의 선악을 평가하는 문제의 핵심은 다수의 생각에 있지 않고 공정성에 있다. 설령 많은 사람들이 좋다고 하는 상황이라도 진실되지 않은 부분이 있을 수 있다. 사람됨이 용렬하고 도덕적으로 문제 있는 사람이라 할지라도 정치적으로나 혹은 집단의 이익에 관련된 원인으로 말미암아 결코 본인의 잘못이 아니고 억울한 누명을 쓴다든가 하는 경우를 배제할 수 없다. 그러므로 '중오지(衆惡之)'의 경우에 있어서는 더더욱 신중에 신중을 거듭하여 살피고 분석하고, 나아가 본인의 견해를 듣고 자신을 위한 변론의 기회를 주어 진실인지를 판별해야 하는 것이다. 군자는 이러한 원칙을 견지하여 가벼이 평가하여 결론을 내리지 않으며, 절대로 남들이 그렇다고 하니 그렇다는 태도를 취하지 않는다는 것이다.

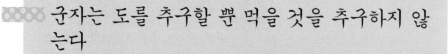

君子學 61講

군자는 도를 추구할 뿐 먹을 것을 추구하지 않는다

공자께서 말씀하셨다.

"군자는 도를 꾀할 뿐 먹을 것을 꾀하지 않는다. 농사를 지어도 그 가운데 굶주림이 있지만, 학문을 하면 녹이 그 안에 있게 된다. 군자는 도를 근심하지 가난을 근심하지 않는다."

—「위영공」15.32

子曰 : 君子謀道不謀食. 耕也, 餒在其中矣. 學也, 祿在其中矣. 君子憂道不憂貧.

자왈 군자모도불모식 경야 뇌재기중의 학야 녹재기중의 군자우도불우빈

자해(字解)

① 모謀 : 꾀하다, 도모하다.
② 경耕 : 밭을 갈다, 농사짓다.
③ 뇌餒 : 주리다, 굶주림.
④ 록祿 : 녹, 녹봉(관리의 봉급).

군자는 도를 추구할 뿐, 먹을 것을 추구하지는 않는다. 농사를 짓는 것

은 의식주를 해결하려는 것이지만 충분치 않을 수 있다. 군자가 학문에 힘써 성취를 이룬다면 관리로 등용되어 자연히 녹봉을 받게 된다. 「자장」편에 "학문을 하면서 여력이 있으면 벼슬을 할 것이다.(學而優則仕)"라는 말이 있는데, 벼슬은 지식인들이 역사적으로 인덕仁德의 정치를 실현할 수 있는 유일한 수단이었다. 학문에 성취가 있으면 과거에 급제하여 공명을 얻고 벼슬을 하여 녹봉을 받아 의식주는 자연히 해결된다는 말이다. 군자는 "도를 꾀할 뿐 먹을 것을 꾀하지 않는다.(謀道不謀食)" "도를 근심하지 가난을 근심하지 않는다.(憂道不憂貧)"는 오랫동안 지식인들이 인생에서 추구한 하나의 준칙이었다. 군자가 천하의 안위를 자기의 소임으로 여겼으므로 오로지 천하에 바른 도가 행해지는지를 근심하였다는 말이다.

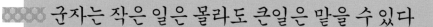 군자는 작은 일은 몰라도 큰일은 맡을 수 있다

공자께서 말씀하셨다.

"군자는 작은 일은 몰라도 큰일은 맡을 수 있고, 소인은 큰일은 맡을 수 없어도 작은 일은 잘 안다."

—「위영공」15.34

子曰 : 君子不可小知, 而可大受也. 小人不可大受, 而可小知也.
자왈 군자불가소지 이가대수야 소인불가대수 이가소지야

자해(字解)

① 소지小知 : 작은 일을 잘 알아서 함.
② 대수大受 : '수受'는 받다. '대수大受'는 큰일을 맡음.

이 장은 사람을 평가할 때 그 사람의 장점을 보아야 한다는 것이다. 군자는 한 가지 일을 잘 하는 것으로 평가하는 것이 아니니 작은 일은 잘 모르며, 군자는 능히 천하를 위한 막중한 책임을 감당해 낼 수 있으니 큰일을 맡을 수 있다는 것이다. 대개 군자는 세세한 일에 대해서는 볼품이 없으나, 그의 재주나 덕성은 큰일을 맡기에는 충분하다. 소인은 비록 도량이 좁고 한 가지 재주는 쓸 만하지만, 큰일을 해 낼 수는 없다. 그러므로 사람을 판별함에 있어서 그 사람의 장단점을 꿰뚫어 볼 줄 알아야 한다는 말이다. 「자장」편에 "큰 덕이 그 한계를 넘지 않는다면, 작은 덕은 더하고 덜해도 괜찮다.(大德不踰閑, 小德出入可也)"는 말이 있는데, 대덕大德 즉 인仁, 의義, 효孝, 제悌와 같은 사람으로 지켜야 할 근본적인 법도는 한 치의 소홀함이 없이 반드시 지켜져야 하는 것이지만, 사소한 예절이나 행동은 약간의 변동이 있어도 무방하다는 뜻이다. 사람이 완벽하기란 불가능하다. 불가능을 가능으로 할라치면 그야말로 경직되어 인간으로서의 정상적인 생활을 영위할 수 없으니 숨 쉴 틈을 주어야 할 것이다. '망중한(忙中閑)'의 여유와도 같은 것이라 하겠다.

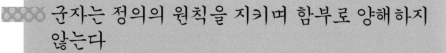

군자는 정의의 원칙을 지키며 함부로 양해하지 않는다

공자께서 말씀하셨다.

"군자는 곧아서 정의의 원칙을 지키며 함부로 양해하지 않는다."

—「위영공」15.37

子曰 : 君子貞而不諒.
자왈 군자정이불량

자해(字解)

① 정貞 : 곧다, 지조가 굳다.
② 양諒 : 양해하다, 용서하다.

'양諒'에는 두 가지 뜻이 있다. 첫 번째는 고집스럽다는 뜻이며, 두 번째는 양해하다는 뜻이다. 첫 번째 뜻으로 해석을 하면, 군자는 대의大義에 있어서 지조가 굳건해서 자신의 원칙을 지키지만, 너무 원칙에 얽매여 고집스럽게 집착하지는 않는다는 뜻이다. 군자는 하찮은 의리에 집착한 나머지 맹목적인 고집이나 소신에 얽매이지 않아야 참된 군자라 할 수 있다는 뜻으로 해석된다.

두 번째 뜻으로 해석을 하면 "군자는 곧아서 정의의 원칙을 지키고, 함부로 양해하지 않는다."라는 뜻으로 해석할 수 있다. 이는 남회근 선생의 해석이다. 군자는 진정으로 올곧아서 정의에 대해서라면 소홀히 하거나 함부로 위반하지 않는다는 의미이다. '불량不諒'은 '쉽게 양해하지 않다, 대충 넘어가지 않다'라는 뜻으로 무원칙적으로 관용을 베풀지 않는다는 뜻이다. 군자는 기본적으로 원칙을 굳게 지키며, 그 원칙에 대해서 아무리 사소한 것일지라도 대충 넘어가거나 하지 않고 일관되게 원칙을 지킨다는 뜻이다. 이와는 그 뜻이 반대되는 '고식姑息'이란 단어가 있는데, '지나치게 무원칙적으로 관용을 베풀다'는 뜻이다. 옛날에 국가 간의 외교 관계에서 유화정책을 비유할 때 자주 쓰이는 용어이다. 현재 우리나라가 중국에 대한 저자세의 외교정책을 비유할 때 딱 들어맞는 용어이기도 하다.

君子學 64講

군자는 겉으로 탐내지 않는 척하면서 핑계 대지 않는다

공자께서 말씀하셨다.

"구야! 군자는 겉으로 탐내지 않는 척하고, 꼭 그렇게 하기 위해 핑계 대는 것을 미워한다."

—「계씨」16.1

孔子曰 : 求, 君子疾夫, 舍曰欲之, 而必爲之辭.
공자왈 구 군자질부 사왈욕지 이필위지사

자해(字解)

① 질疾 : 미워하다, 증오하다.
② 부夫 : 그, 3인칭 대명사.
③ 사왈舍曰 : 말하지 않다. '사舍'는 포기하다, 버리다.
④ 사辭 : 핑계.

군자는 속으로는 너무나 하고 싶으면서도 아닌 척하며, 다른 핑계를 둘러대면서 그것을 가지려고 해서는 안 된다고 지적한 것이다. 하고 싶으면 '하고 싶다'라고 분명한 태도를 표명해야 한다. 특히 정치인들 중에는, 도지사직의, 혹은 시장직의 임기를 다 채우겠다고 공언하고서는 대통령직을 탐하면서 "정의 사회 구현을 위하여" 또는 "나라의 경제 발전을 위하여" 등 온갖 핑계를 둘러대면서 표변하는 족속들이 많이 있다. 당연히 이러한 자들을 경계해야 한다.

이 단락에서는 바로 다음에 나오는 문장이 아주 중요한데, 바로 경제민주화 사상이 함축되어 있어 새겨 볼만한 말이다. "국가나 집안을 다스리는 사람은 토지가 적음을 걱정하지 않고 균등하지 못함을 걱정하며, 가난함을 걱정하지 않고 안정되지 않음을 걱정한다. 균등하면 가난이 문제되지 않고, 화합하면 적음이 문제되지 않으며, 안정되면 나라가 기울어지는 일이 없다.(有國有家者, 不患寡而患不均, 不患貧而患不安. 蓋均無貧, 和無寡, 安無傾)"

군자를 모시면서 범하는 세 가지 허물이 있다

공자께서 말씀하셨다.

"군자를 모시면서 잘 범하는 세 가지 허물이 있다. 말을 하지 않았는데 먼저 말하는 것은 조급하다고 한다. 말할 차례가 되었는데도 말하지 않는 것은 속을 숨긴다고 한다. 안색을 살피지 않고 말하는 것은 눈치가 없다고 한다."

—「계씨」16.6

孔子曰 : 侍於君子有三愆. 言未及之而言, 謂之躁. 言及之而不言, 謂之隱. 未見顏色而言, 謂之瞽.

공자왈 시어군자유삼건 언미급지이언 위지조 언급지이불언 위지은 미견안색이언 위지고

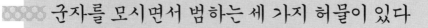 자해(字解)

① 대待 : 대우하다, 모시다.

② 건愆 : 허물, 과실.

③ 조躁 : 성급하다, 성질이 급하다, 경망스럽다.

④ 은隱 : 숨기다, 남이 알지 못하게 하다.

⑤ 고瞽 : 눈멀다, 소경(즉 도리를 모르는 일).

이 장에서 공자는 도덕군자 앞에서 범하기 쉬운 세 가지 허물을 이야기했는데, 실제로는 오늘날 윗사람을 모실 때, 혹은 기타 인간관계에 있어서도 적용되는 말이기도 하다. 누군가 어떤 상황에서건 자기가 말할 자리가 아닌데도 나서서 말하는 것은 경박하고 조급하다 할 것이다. 이러한 사람은 나서기를 좋아하고 자신의 재주를 뽐내려 하는 사람이다. 이와는 반대로 말을 하여야 하는 자리에서도 말을 아끼고 피하려 하거나, 혹은 책임져야 할까 걱정하여 말을 않는 사람은 마음속에 숨기는 것이 있거나 다른 속셈이 있다. 상황이 자신이 나서서 말해야 하는지 하지 말아야 하는지 살피지 않고 제멋대로 말하는 것은 상대방의 입장을 난처하게 하고 상대방의 마음을 다치게 할 수 있다. 비서직, 보좌진들이 명심해야 할 내용이다.

군자는 노욕을 경계해야 한다

공자께서 말씀하셨다.

"군자는 세 가지 경계해야 할 일이 있다. 젊은 시절에는 혈기가 안정되지 않으니 색을 경계해야 한다. 장년이 되어서는 혈기가 한창 왕성하므로 싸움을 경계해야 한다. 노년이 되어서는 혈기가 쇠잔해지므로 탐욕을 경계해야 한다."

— 「계씨」16.7

孔子曰：君子有三戒. 少之時, 血氣未定, 戒之在色. 及其壯也, 血氣方剛, 戒之在鬪.
공자왈 군자유삼계 소지시 혈기미정 계지재색 급기장야 혈기방강 계지재투

及其老也, 血氣旣衰, 戒之在得.
급기노야 혈기기쇠 계지재득

 자해(字解)

① 계戒 : 경계하다, 주의하다.
② 장壯 : 왕성하다(삼십 세에서 사십 세까지를 이름).
③ 방方 : 바야흐로, 이제 한창.
④ 강剛 : 굳세다, 힘이 세다.
⑤ 노老 : 늙다, 늙은이(사십 세에서 오십 세까지를 이름).
⑥ 기旣 : 이미, 벌써.

⑦ 쇠衰 : 쇠하다, 늙다, 나이 먹다.
⑧ 득得 : 얻다, 탐하다, 탐내다.

공자는 인생을 사람의 생리의 변화에 따라 청년, 중년, 노년으로 구분
하고 특히 혈기의 변화에 따라 경계해야 할 세 가지 일을 언급했다. 이는
공자가 오랫동안 사람을 관찰하고 교육하는 가운데 터득한 경험의 산물이
기도 하다. 청년기에는 혈기가 안정되지 않아서 성행위 방면에서 절제하
지 않고 제멋대로 방종하면 원기를 손상하고 몸을 해치며 이로 인하여 화
근을 남긴다. 장년기에는 혈기가 왕성하여 자기주장이 강하고 아집이 심
하여 남과 의견 충돌이 잦으며 부딪히게 되는데, 이는 남을 해치는 동시에
자신을 해치며 주위 사람을 다치게 한다. 노년기에는 명예, 이익, 재물 등
모든 것을 탐하게 되며 집착하게 되고 욕심을 부려 패가망신하는 수가 있
으니 노욕을 특별히 경계해야 할 것이다.

君子學 67講

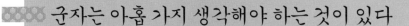
군자는 아홉 가지 생각해야 하는 것이 있다

공자께서 말씀하셨다.

"군자는 아홉 가지 생각해야 하는 것이 있다. 보는 데는 분명하게 보는 것을 생각하고, 듣는 데는 가려서 듣는 것을 생각하고, 얼굴색은 온화하기를 생각하고, 태도에는 공손하기를 생각하고, 말에는 신의가 있기를 생각하고, 일에는 성실하기를 생각하고, 의심나는 것에는 묻기를 생각하고, 화가 날 때는 어려움을 겪을 것을 생각하고, 이득을 보면 의로움을 생각한다."

—「계씨」16.10

孔子曰 : 君子有九思 : 視思明, 聽思聰, 色思溫, 貌思恭, 言思忠, 事思敬, 疑思問, 忿思難, 見得思義.
공자왈 군자유구사 시사명 청사총 색사온 모사공 언사충 사사경 의사문 분사난 견득사의

자해(字解)

① 색色 : 얼굴, 용모.
② 모貌 : 삼가는 태도.
③ 분사난忿思難 : '분忿' 은 성내다, 화내다. '분사난忿思難' 은 분할 때에는 감정에 못 이겨 잘못을 저질러 환란이 있을까를 생각하다는 뜻이다.
④ 견득사의見得思義 : 눈앞에 이득을 보면 의로움을 생각하다.

'구사九思'란 사람의 감각이 보고 듣고 말하고 행동하는 데서부터 시작하여 용모와 자세, 그리고 의문이 일고 화나는 일 등 일상생활의 거의 모든 영역에 걸쳐서 먼저 생각하고 반성하며 선을 추구하는 것을 말한다. 이는 또한 입신하고 처세하는 사물과 사람에 대한 도리, 인간관계의 교제 중에서 매우 중요한 것으로, 참고할 만하다.

'시사명視思明'은 사람을 판별하고 사물을 꿰뚫어 볼 수 있어야 한다는 뜻이다.

'청사총聽思聰'은 말의 뜻을 정확히 이해한다는 뜻이다.

'색사온色思溫'은 얼굴 표정과 태도는 겸손하고 온화해야 하며, 내심에 우러난 진정성을 뜻한다.

'모사공貌思恭'은 남을 대하는 태도는 늘 공손해야 함을 뜻한다.

'언사충言思忠'은 말이 진실되고 믿음이 있음을 뜻한다.

'사사경事思敬'은 일을 함에 있어서 엄숙하고 진지함을 뜻한다.

'의사문疑思問'은 의문이 생기면 물을 것인가, 어떻게 물을 것인가를 생각함을 뜻한다.

'분사난忿思難'은 분한 마음이 일 때는 그 결과가 가져올 수 있는 뒷일을 생각해야 한다는 뜻이다.

'견득사의見得思義'는 재물과 이익, 명예, 지위를 정당한 방법과 수단으로써 얻어야 함을 말한다.

군자는 자기 아들을 멀리한다

진항(陳亢)이 백어(伯魚)에게 물었다. "자네는 달리 들은 것이 있는가?" "없습니다. 한번은 혼자 서 계실 때 제가 종종걸음으로 뜰을 지나가는데, '시를 배웠느냐?'고 물으셨습니다. '배우지 못했습니다.'하고 대답하였더니, '시를 배우지 않으면 남과 더불어 말을 할 수가 없다.'고 하셨습니다. 저는 물러나 시를 배웠습니다.

다른 날 또 홀로 서 계실 적에 제가 종종걸음으로 뜰을 지나가는데, '예를 배웠느냐?'고 물으셨습니다. '배우지 못했습니다.'하고 대답하였더니, '예를 배우지 않으면 남 앞에 나설 수가 없다.'고 하셨습니다. 저는 물러나 예를 배웠습니다. 이 두 가지를 들었습니다."

진항이 물러나와 기뻐하며 말했다. "하나를 물었다가 셋을 얻었다. 시와 예를 알았고, 또 군자는 자기 아들을 멀리한다는 것을 알았다."

—「계씨」16.13

陳亢問於伯魚曰 : 子亦有異聞乎? 對曰 : 未也. 嘗獨立, 鯉趨而過
庭. 曰 : 學詩乎?
진항문어백어왈 자역유이문호 대왈 미야 상독립 이추이과정 왈 학시호

對曰 : 未也. 不學詩, 無以言. 鯉退而學詩. 他日, 又獨立, 鯉趨而
過庭. 曰 : 學禮乎?
대왈 미야 불학시 무이언 이퇴이학시 타일 우독립 이추이과정 왈 학례호

對曰 : 未也. 不學禮, 無以立. 鯉退而學禮, 聞斯二者. 陳亢退而喜
曰 : 問一得三. 聞詩, 聞禮, 又聞君子之遠其子也.
대왈 미야 불학례 무이립 이퇴이학례 문사이자 진항퇴이희왈 문일득삼 문시 문례 우문군
자지원기자야

자해(字解)

① 진항陳亢 : 공자의 제자로 자금子禽의 본명.
② 백어伯魚 : 공자의 아들, 이름은 이鯉. 이鯉의 아들이 『중용』을 저술한 자사子思이다.
③ 상嘗 : 일찍이, 과거에, 이전에.
④ 추趨 : 종종걸음 치다, 빨리 걷다.
⑤ 무이언無以言 : 사람과 더불어 말을 나눌 수가 없다.
⑥ 무이립無以立 : 남 앞에 설 수가 없다.

　자금子禽은 백어伯魚와의 대화에서 크게 깨달은 바가 있다. 첫째는 시를
배워 해박한 지식을 얻는 것이 중요하다는 것을 알게 되었고, 둘째는 예
로써 자기의 행동규범을 세우는 것이 중요하다는 것을 알게 되었고, 셋째
는 공자는 자기 아들이라고 해서 일반 제자들과 달리 특별히 교육시키지
않는다는 것을 알게 되었다. 이는 군자의 자식 교육에 대한 공자의 자세를
말한 것이다. "군자는 자기 아들을 멀리한다.(君子之遠其子也)"는 말은 자식에
대해 엄격하다는 것이다. 엄격한 공정함으로 자식을 교육시킨다는 의미이
다. 교육의 공정성은 학생들에게 공정한 균형 감각을 심어줄 수 있으며,
이는 바로 자식을 감싸고도는 것과는 정반대의 개념이다.
　"군자는 자기 아들을 멀리한다."는 것은, 아들을 법과 원칙과 규범에
철저히 따르게 한다는 뜻으로 해석할 수 있다. 일부 권력층과 상류층의 비
뚤어진 부정父情, 특히 가수 유승준의 아버지 등은 모두 아들을 멀리하지

않아서 아들의 인생을 굴곡지게 한 선명한 예이다. 진정으로 아들을 사랑한다면, 법과 원칙과 규범에 따르게 하고 인의 도덕을 배우게 하여 예로써 사회에 우뚝 서게 해야 할 것이다.

또한 시詩와 예禮의 중요성을 강조한 말이다. 공자는 「태백」편에서 "시로써 정신을 북돋우고, 예로써 규범을 세우며, 음악으로써 정서를 완성시킨다.(興於詩, 立於禮, 成於樂)"라고 말했다. 학문의 초기에는 시로써 그 뜻을 일으킨다고 말한다. 시는 본래 성정의 산물로 사악함과 정의로움을 함께 지닌다. 또한 그 뜻을 이해하기가 쉬우며, 읊조리는 사이에 내재된 성정을 억누르고 북돋기를 반복하면서 사람의 정서를 순화시킨다. 그래서 학문하는 사람이 자기도 모르는 사이에 능히 선한 것을 좋아하고 악한 것을 싫어하는 마음을 불러일으킨다. 그리고 예술 정신을 중화시키기 위해 예를 통해 행위규범을 바로 세워야 한다. 학문의 완성 단계에서는 음악으로써 그 성정과 덕성을 완성시킨다. 음악이란 춤과 노래로써 사람의 눈과 귀를 가다듬고 근육과 뼈를 위로한다. 또한 성정을 나태하게 하거나 풀어지게 하지도 않으며, 혈맥을 다스려 사납게 날뛰게 하지도 않는다. 그러므로 학자가 인의에 숙련되고 도덕에 순화됨은 바로 음악에서 얻어지는 것이니, 그리하여 학문을 완성시킨다고 한 것이다.

「양화」편에 『시경』을 공부하는 취지와 작용에 대해 논한 말이 있다. "너희들은 왜 시를 배우지 않느냐? 시는 그것으로 기뻐할 수 있고, 그것으로 살필 수 있고, 그것으로 여럿이 모일 수 있고, 그것으로 풍자할 수 있다. 가까이는 아버지를 모시고, 멀리는 임금을 섬기고, 새와 짐승과 초목의 이름까지도 많이 알게 된다.(小子何莫學夫詩? 詩, 可以興, 可以觀, 可以群, 可以怨. 邇之事父, 遠之事君: 多識於鳥獸草木之名)" 공자는 우선 시詩가 성정을 도야하고, 감흥을 일으키고, 자신의 품격 수양을 강화하고, 사회 비평의 기능을 발휘한다고 역설했다. '흥興'은 감정을 배출하고 감흥을 자아낼 수 있다. '관觀'은 득실을 살펴볼 수 있고, 풍속의 성쇠를 관찰할 수 있다. '군群'은 여럿이서 상호 교감할 수 있고, 공동의 관념을 함양할 수 있다. '원怨'은 풍자와 은유를 배울 수 있으며, 통치자와 사회를 비평할 수 있다. 아울러 공자는 시를 공부함으로써 부모를 모시고 임금을 섬길 수 있다고 지적했다. 시를 배움으로써 온유돈후한 성품을 함양할 수 있으며, 부모를 받들어 모실 수 있으며, 임금을 섬길 수 있으며 충성을 다할 수 있다는 것이다. 세 번째, 시를 통해서 지식을 넓힐 수 있고, 사람들의 오랜 세월에 걸쳐 누적된 지식과 경험을 흡수할 수 있으며, 새와 짐승, 초목의 이름까지도 많이 알게 된다고 주장했다. 실제로 청清나라 고동고顧東高의 『모시유석毛詩類釋』의 통계에 의하면, 『시경』에 곡물류 24종, 채소 38종, 약물 17종, 풀 37종, 꽃과 열매 15종, 나무와 새 각 43종, 짐승 40종, 말을 지칭하는 다양한 이름 27종, 벌레 37종, 어류 16종이 등장한다고 한다.

君子學 69講

군자가 도를 배우면 사람들을 사랑하게 된다

공자께서 무성에 가셨는데, 현악에 맞추어 노래하는 소리를 들으셨다. 공자께서 빙그레 웃으시며 말씀하셨다. "닭을 잡는 데 어찌 소 잡는 칼을 쓰겠느냐?" 자유가 대답하였다. "전에 제가 들었는데, 선생님께서 '군자가 도를 배우면 사람들을 사랑하게 되고, 소인이 도를 배우면 부리기 쉽다.'고 말씀하셨습니다." 공자께서 말씀하셨다. "애들아, 언의 말이 옳다. 방금 한 말은 농담이었다."

—「양화」17.4

子之武城, 聞弦歌之聲. 夫子莞爾而笑曰 : 割鷄焉用牛刀? 子遊對曰 : 昔者偃也聞諸夫子曰 :
자지무성 문현가지성 부자완이이소왈 할계언용우도 자유대왈 석자언야문저부자왈

君子學道則愛人, 小人學道則易使也. 子曰 : 二三子, 偃之言是也, 前言戲之耳.
군자학도즉애인 소인학도즉시사야 자왈 이삼자 언지언시야 전언희지이

자해(字解)

① 무성武城 : 노나라의 읍성邑城. 당시 자유子游가 무성의 읍재邑宰를 지냈다.
② 완이莞爾 : 빙그레 웃는 모양.
③ 할割 : 베다, 자르다.

④ 언偃 : 자유 子游의 이름.
⑤ 이사易使 : 부리기 쉽다, 다스리기 쉽다.
⑥ 희戱 : 놀다, 희롱하다.

공자의 제자인 자유子游가 무성의 행정관으로 고을을 다스리고 있었다. 한번은 공자가 그곳에 갔다가 현악기를 연주하며 노래하는 소리를 들었다. 예악은 공자가 제자들을 교육하는 중요한 교육 방법이었는데, 자유는 예악으로 백성을 교화하고 있었던 것이다. 공자는 빙그레 웃으면서 말했다. "이렇게 조그만 고을에서 수준 높은 예악으로 백성들을 교화하다니, 마치 닭 잡는 데 소 잡는 칼을 쓰는 격이니 말이다."

이에 자유가 말했다. "선생님께서 '군자는 도를 배워 사람을 사랑하게 되고, 소인은 도를 배우면 사물의 이치를 알게 되어 다스리기 쉬워진다.'고 말씀하셨습니다." 여기에서 "군자는 도를 배워 사람을 사랑하게 된다."는 것은 군자는 도道, 즉 학문과 수양을 통해서 인자애인仁者愛人 정신을 함양하게 되는데, '사람을 사랑함(愛人)'은 인仁의 속성으로 실천적이며 도덕적인 행위이다. "소인은 도를 배우면 사물의 이치를 알게 되어 다스리기 쉬워진다."는 말은 소인 역시 도를 통하여, 즉 학문을 익히고 수양에 힘쓰면 사물의 이치를 이해하게 되어 자신의 존재 이유와 가치를 깨닫게 된다. 이는 교육의 교화의 목적을 이루는 것이다. 교육의 목적이 개인으로 하여금 그들의 직업 세계에서 각기 전문가가 되게 하면서 동시에 자유로운 시민으로서의 일반적인 소양을 갖추게 하는 것이다. 그리하여 사회의 시스템 속에서 각자가 속한 위치에서 타인과 함께 공생하는 법을 체득하게 되는 것이다. 그러므로 도를 배워 사물의 이치를 이해하게 되면, 그 사회의 시스템 속에서 각자의 역할에 충실해지기 마련이다.

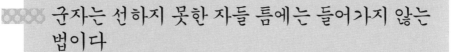

君子學 70講

군자는 선하지 못한 자들 틈에는 들어가지 않는 법이다

필힐(佛肸)이 초청하자 공자께서 가시려 했다. 자로가 물었다. "전에 제가 선생님께 들었는데, '직접 그 자신이 좋지 못한 짓을 한 자들 틈에는 군자가 들어가지 않는 법이다.'라고 하셨습니다. 필힐은 중모를 거점으로 반란을 일으켰는데, 선생님께서 가시려 하시니 어찌 된 일입니까?"

공자께서 말씀하셨다. "그렇다. 그렇게 말한 일이 있다. 갈아도 얇아지지 않는다면 단단하다 하지 않겠느냐? 검은 물을 들여도 검어지지 않는다면 희다 하지 않겠느냐? 내 어찌 조롱박이 되란 말이냐? 어떻게 매달려 있기만 하고 남에게 먹히지 않을 수 있겠느냐?"

ㅡ「양화」17.7

佛肸召, 子欲往. 子路曰 : 昔者由也聞諸夫子曰 : 親於其身爲不善者, 君子不入也. 佛肸以中牟叛, 子之往也, 如之何?
필힐소 자욕왕 자로왈 석자유야문저부자왈 친어기신위불선자 군자불입야 필힐이중모반 자지왕야 여지하

子曰 : 然, 有是言也. 不曰堅乎, 磨而不磷. 不曰白乎, 涅而不緇.
吾豈匏瓜也哉? 焉能繫而不食?
자왈 연 유시언야 불왈견호 마이불린 불왈백호 열이불치 오기포과야재 언능계이불식

① 필힐佛肸 : 진晉나라의 대부. 중모中牟의 읍재. 필肹은 도울 필, 힐肸은 소리 울릴 힐
② 중모中牟 : 춘추시대 진晉나라의 읍.
③ 린磷 : 엷은 돌.
④ 열涅 : 검은 물을 들이다.
⑤ 치緇 : 검게 물들다.
⑥ 포과匏瓜 : 박과 오이. 먹지 못하는 표주박, 또는 조롱박을 일컬음.
⑦ 계繫 : 매달다, 매달리다.

진나라 대부 조간자趙簡子의 가신인 필힐佛肸이 자기가 다스리고 있던 중모中牟를 근거지로 모반하였는데, 공자를 초청했다. 공자가 그 초청에 응하여 가려고 하자 자로가 반대하였다. "선생님께서 옛날에 좋지 못한 일을 한 사람과는 왕래하지 말라고 하셨습니다. 필힐은 중모에서 반란을 일으킨 사람인데도 지금 선생님께서 그곳에 가시려 하다니, 이것은 무슨 까닭입니까?" 여기에서 원문에 이어지는 말이 있는데, 다음과 같은 뜻이다. "네 말이 맞다. 그러나 너는 모르느냐? 금강석처럼 단단한 돌덩이는 아무리 갈아도 부서지지 않는다. 결점이 없는 진짜 옥덩이는 아무리 검은 물이 들여도 검어지지 않는 것이다." 공자의 말은 진정으로 굳건하다면 어느 시대, 어떤 환경에서도 절개와 지조가 변하지 않고 꿋꿋이 당당할 수 있다는 뜻이다. "조롱박처럼 사람들에게 먹히지 못하고 영원히 나무에 매달려 있는 것처럼 나도 마냥 그렇게 있을 수는 없다." 가지는 않겠지만, 간다고 해도 검은 물에 물들지 않을 것이라는 자신감과 굳건함을 내비치고 있다.

"직접 그 자신이 좋지 못한 짓을 한 자들 틈에는 군자가 들어가지 않는 법이다.(親於其身爲不善者, 君子不入也)" 이 말은 군자의 수신修身 비결이다. 군자는 도적의 무리 속에 섞이지 않으며, 불인不仁하고 불의不義한 자들과 어울

리지 않으며, 인륜人倫을 저버린 자와는 상종해서는 안 된다. 조국을 배반한 자, 국가 사회의 질서를 문란케 한 자, 부모에 불효한 자들과 은밀히 내통하여 어울리거나 비호하며 거래해서는 안 된다는 뜻이다. 이른바 검은 거래를 해서는 안 된다는 말이다. 혹 피치 못할 사정으로 그들과 교류할 시에는 티끌만큼도 그들의 검은 속내에 물들지 않아야 한다고 경계한 말이다. 그만한 수양과 원칙이 갖추어져 있어야 군자라고 말할 수 있다.

군자가 벼슬길에 나서는 것은 의로움을 실천하는 것이다

자로가 말했다. "벼슬길에 나서지 않는 것은 의롭지 못한 것이다. 어른과 아이들 사이의 예절도 없앨 수 없거늘, 군신의 의리를 어찌 없앨 수 있겠는가? 자기 몸만 깨끗이 하려는 것은 큰 윤리를 어지럽히는 일이다. 군자가 벼슬길에 나서는 것은 의로움을 실천하는 것이다. 올바른 도가 행해지지 않는 까닭을 이제야 알겠다."

―「양화」18.7

子路曰 : 不仕無義. 長幼之節, 不可廢也. 君臣之義, 如之何其廢之? 欲潔其身, 而亂大倫.
자로왈 불사무의 장유지절 불가폐야 군신지의 여지하기폐지 욕결기신 이란대륜

君子之仕也, 行其義也. 道之不行, 已知之矣.
군자지사야 행기의야 도지불행 이지지의

자해(字解)

① 사仕 : 벼슬하다.
② 무의無義 : 의리가 없다, 의롭지 못하다.
③ 절節 : 예절.
④ 결潔 : 깨끗하다, 청렴하다.

자로가 공자를 수행하다가 뒤처져 일행에서 떨어졌다. 지팡이에 삼태기를 걸머멘 한 노인을 만나게 되어, 자로가 "노인장께서는 우리 선생님을 못 보셨습니까?" 하고 물었다. 노인이 "손발을 움직이지 않고 오곡도 식별하지 못하는데, 어찌 선생이라 하겠소?" 하고는 지팡이를 땅에 꽂고 김을 맸다. 자로는 이 노인이 공자를 알고 있는 것 같아서 공손하게 두 손을 모아 잡고 서서 다음 말을 기다렸다. 그러자 노인은 자로의 태도에 마음이 끌려 자기 집으로 데리고 가서 묵어가게 하면서 닭을 잡고 기장밥을 해서 대접하고는, 두 아들을 불러 인사까지 시키며 크게 환대했다. 다음 날 자로는 공자를 뒤따라가 만나 뵙고 사연을 이야기하니, 공자께서 "그는 세상에 숨어 사는 은자일 것이다." 하시며 자로를 다시 그곳으로 보내어 찾아보게 하셨다. 그러나 달려가 보니 벌써 그 노인은 어디 갔는지 알 수가 없었다.

자로는 이렇게 말했다. "학문과 능력이 있는 지식인이 출사하여 국가와 사회에 봉사하고 공헌하지 않는 것은 대의(大義)에 어긋나는 일이다. 사회에는 사회의 질서가 있고, 장유유서長幼有序의 예절도 폐지할 수 없거늘, 어찌 국가 사회의 정치체제를 없앨 수 있겠는가? 난세라고 해서 자기 몸을 결백하게 하기 위하여 사람으로서 마땅히 지켜야 할 국가와 사회에 대한 봉사를 외면한다면, 이는 대의를 어지럽히는 일이 아니겠는가! 군자가 세상에 나가 벼슬을 한다는 것은 자기 한 몸의 명예나 이익이나 관록 때문이 아니고, 국가와 사회에 공헌하는 대의를 행하기 위한 것이다. 오늘날 도가 올바르게 행해지지 않는 까닭이, 국가와 사회에 봉사하고 공헌할 수 있음에도 불구하고 자신만을 생각해서 명철보신明哲保身 하려는 사람들 때문임을 알겠다."

자로는 자신만을 보전하는 사람은 인륜의 도를 어지럽히는, 오직 자신만을 생각하는 사람이라고 생각했다. 그래서 자로는 군자의 출사는 자기를 내세우고 싶어서가 아니라 국가와 사회에 공헌하기 위해서(行其義也)라고 주장했다. 그러나 이 말은 위영공衛靈公의 "군자로다, 거백옥蘧伯玉은! 나라에 올바른 도가 행하여지면 벼슬을 하고, 올바른 도가 행하여지지 않으면 재능을 거두어 감추어 둘 수 있구나."(君子哉蘧伯玉! 邦有道, 則仕. 邦無道, 則可卷而懷之)"라는 말과는 배치된다고 할 수 있는데, 그것은 정치 지도자의 자질과 정치 환경의 문제에서 접근해 보면 어느 정도 이해될 수 있을 것이다.

군자는 상중에는 좋은 음식을 먹어도 맛이 없다

재아가 물었다. "삼년상은 기간이 너무 깁니다. 군자가 삼 년 동안 예를 지키지 않으면 예가 반드시 파괴될 것이고, 삼 년 동안 음악을 다루지 않으면 음악이 반드시 무너질 것입니다. 옛 곡식은 다 없어지고 새 곡식이 나오고, 불씨를 얻는 나무도 철에 따라 바뀌니, 일 년으로 끝내도 될 것입니다."

공자께서 말씀하셨다. "쌀밥을 먹고 비단옷을 입어도, 네 마음이 편안하겠느냐?" "편안할 것입니다."

"네가 편안하다면 그렇게 하여라. 군자는 상중에는 좋은 음식을 먹어도 맛이 없고, 음악을 들어도 즐겁지 않으며, 잘 지내도 편안하지 않기 때문에 그렇게 하지 않는 것이다. 지금 네가 편안하다니 그렇게 하여라."

재아가 나가자, 공자께서 말씀하셨다. "여予는 인하지 않구나. 자식은 나서 삼 년이 된 후에야 부모의 품에서 벗어난다. 삼년상은 천하에 통용되는 상례이다. 여도 삼 년 동안은 자기 부모에게서 사랑을 받았을 텐데!"

—「양화」17.21

宰我問 : 三年之喪, 期已久矣! 君子三年不爲禮, 禮必壞. 三年不爲樂, 樂必崩.
재아문 삼년지상 기이구의 군자삼년불위례 예필괴 삼년불위악 악필붕

舊穀旣沒, 新穀旣升, 鑽燧改火, 期可已矣. 子曰：食夫稻, 衣夫
錦, 於女安乎?
구곡기몰 신곡기승 찬수개화 기가이의 자왈 식부도 의부금 어여안호

曰：安. 女安則爲之. 夫君子之居喪, 食旨不甘, 聞樂不樂, 居處不
安, 故不爲也, 今女安則爲之.
왈 안 여안즉위지 부군자지거상 식지불감 문악불락 거처불안 고불위야 금여안즉위지

宰我出, 子曰：予之不仁也! 子生三年, 然後免於父母之懷. 夫三
年之喪, 天下之通喪也. 予也, 有三年之愛於其父母乎?
재아출 자왈 여지불인야 자생삼년 연후면어부모지회 부삼년지상 천하지통상야 여야 유삼년
지애어기부모호

자해(字解)

① 재아宰我 : 이름은 여予, 자는 자아子我 공문십철孔門十哲의 한 사람으로 언변에 뛰어났다.
② 찬수개화鑽燧改火 : 찬鑽은 뚫다. 수燧는 부싯돌. 불 지피는 나무에 불을 고치게 되다. 즉 불씨를
  얻은 나무도 철에 따라 바뀐다는 뜻.
③ 기가이의期可已矣 : 여기에서 '기期'는 1주년. '이已'는 그치다, 그만두다, 끝내다.
④ 식지食旨 : '지旨'는 맛있는 음식.

　　고대의 예법을 말한 것이다. 고대에는 부모가 죽으면 삼년상을 치렀다.
2500년 이전에 공자가 살아있던 시대에도 삼년상에 대한 고대의 예법을 수
정할 필요가 있다는 문제를 재아가 용감하게 제기한 것이다. 비록 공자에
게 좋은 소리를 듣지는 못했지만, 재아는 시대가 변했으니 예법 또한 시대
에 따라야 하는 것이라 생각한 것이다.
　　"군자가 삼 년 동안 예를 지키지 않으면 예가 반드시 파괴될 것이고,
삼 년 동안 음악을 다루지 않으면 음악이 반드시 무너질 것입니다.(君子三年

不爲禮, 禮必壞 : 三年不爲樂, 樂必崩)"이 문장에서의 군자는 임금이나 제후, 즉 정무를 담당하는 위정자이다. 위정자가 삼년상을 지키다 보면 정무政務가 지체되고, 그에 따라 당시의 중심 문화인 예악이 흐트러질 것을 염려했음이 틀림없다.

"군자는 상중에는 좋은 음식을 먹어도 맛이 없고, 음악을 들어도 즐겁지 않으며, 잘 지내도 편안하지 않다.(君子之居喪, 食旨不甘, 聞樂不樂, 居處不安)" 효孝는 인애仁愛의 기초이며, 사람 된 도리의 근본이다. 모든 도덕은 모두 이 근본에서 출발한다. 예부터 전해 내려온 우리 사회의 윤리 도덕의 핵심이 바로 효인 것이다. 효란 부모에게 효도하고 공경하는 것이다. 이는 또한 공자의 이상인 인仁의 근본이기도 하다.

「위정」편에서는 "지금의 효는 부모를 잘 봉양하는 것을 말하는데, 개와 말에 대해서도 모두 잘 사육하거늘, 공경하지 않으면 무엇이 다르겠는가?(今之孝者, 是謂能養, 至於犬馬, 皆能有養, 不敬, 何以別乎)"라고 질타하고 있다. 부모에 대하여 단지 육신만을 봉양하고 사랑과 공경하는 마음이 없다면 효라고 할 수 없다는 것이다. 공자는 부모의 의식주를 공급해 주는 것은 효의 가장 기초적인 첫 단계일 뿐이라고 생각했다. 효란 사회적인 도덕규범일 뿐만 아니라 내면의 규범이기도 하다. 사회적인 도덕규범에 따라서 부모의 육신만을 봉양하고 부모에 대하여 내심에서 우러난 공경하는 정이 없다면, '능양能養'은 다만 사회적인 도덕규범에 의해 강제된 행위일 뿐이다. 공자는 "부모의 상사에 임하여 진정으로 애통해 하는(臨喪不哀)" 모습에서 그 사람의 됨됨이가 드러난다고 생각했다. 이렇게 애통해 하면서 삼년상을 모시는 것이야말로 지극한 효라고 설파하고 있다.

예법에 관한 한, 나라마다, 지역마다, 집안마다 조금씩 다르기 때문에 무엇이 옳고 그른지를 단정 짓기가 어렵다. 삼년상이든 일년상이든 이는 농경 사회의 예법임에는 틀림없다. 1970년대까지만 해도 농촌에서는 보편적으로 1년상을 지켰다. 그러나 오늘날 산업사회에서는 이마저 실천하기 어렵거니와, 여러 가지 사회 문화적, 경제적인 문제로 인하여 장묘 문화 자체가 매장에서 화장으로 크게 변화하고 있다. 그래서 삼년상의 형식과 정신에서, 그 정신은 취하고 형식에 있어서는 시대의 흐름에 따라 개선과 변화를 선택한 것이라 의미를 부여해 본다.

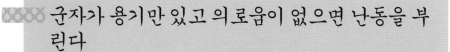

군자가 용기만 있고 의로움이 없으면 난동을 부린다

자로가 여쭈었다. "군자는 용기를 숭상합니까?"

공자께서 말씀하셨다. "군자는 의로움을 첫째로 여긴다. 군자가 용기만 있고 의로움이 없으면 난동을 부리고, 소인이 용기만 있고 의로움이 없으면 도둑질을 한다."

— 「양화」17.23

子路曰 : 君子尙勇乎. 子曰 : 君子義以爲上, 君子有勇而無義爲亂. 小人有勇而無義爲盜.

자로왈 군자상용호 자왈 군자의이위상 군자유용이무의위란 소인유용이무의위도

자해(字解)

① 상尙 : 숭상하다.
② 용勇 : 용기, 용맹.
③ 의義 : 의롭다, 정의.

공자는 용기와 용맹은 반드시 정의가 전제되고, 정의의 제약을 받아야 한다고 자로에게 가르쳤다. 또한 군자는 지智·인仁·용勇의 세 가지 미덕을

구비해야 한다고 주장했다. 그러나 용기나 용맹은 정의와 대의大義의 테두리 안에서만 가치가 있는 것이다.

군자가 대의에 따르지 않고 용맹하기만 하면 반란을 일으키게 된다고 하였다. 5·16혁명과 제5공화국의 탄생이 바로 이에 해당한다.

소인은 정의로움이 없이 용맹하기만 하면 위험에 직면하게 됨을 경계한 말이다. 정의로움 없이 용맹하기만 한 것은 바로 도덕적 해이를 불러일으켜 아주 용감하게 비리와 부정부패에 연루되어 위험을 자초하게 된다.

얼마 전에 모 유선방송의 흑백 영상에 비친 도산 안창호 선생의 연설이 아주 인상적이었다. "먼저 의義로운 사람이 되어야 합니다!"라고 외치는 도산 선생의 외침이 아직도 귓가에 쟁쟁하다. 모습은 당당했으며, 목소리에 기개가 넘쳐흘렀다. 아! 이것이 바로 군자의 모습, 군자의 사자후獅子吼이구나! '의롭다'는 개념이 단숨에 각인된 순간이었다.

君子學 74講

군자는 아랫사람으로 윗사람을 비방하는 자를 미워한다

자공이 물었다. "군자도 미워하는 것이 있습니까?"

공자께서 말씀하셨다. "미워하는 것이 있다. 남의 나쁜 점을 말하는 사람을 미워하고, 아랫사람으로 윗사람을 비방하는 자를 미워하고, 용감하기만 하고 무례한 사람을 미워하고, 과감하기만 하고 꽉 막힌 사람을 미워하느니라."

"사(賜)야, 너도 미워하는 것이 있느냐?"

"엿듣고 아는 체하는 사람을 미워하고, 불손한 것을 용맹하다고 여기는 사람을 미워하고, 남의 허물을 들추어내면서 정직하다고 여기는 사람을 미워합니다."

—「양화」17.24

子貢曰 : 君子亦有惡乎? 子曰 : 有惡. 惡稱人之惡者, 惡居下流而訕上者, 惡勇而無禮者, 惡果敢而窒者.
자공왈 군자역유오호 자왈 유오 오칭인지악자 오거하류이산상자 오용이무례자 오과감이질자

曰 : 賜也亦有惡乎? 惡徼以爲知者, 惡不孫以爲勇者, 惡訐以爲直者.
왈 사야역유오호 오요이위지자 오불손이위용자 오알이위직자

■■■■■ 자해(字解)

① 산상訕上 : '산訕'은 헐뜯다, 비방하다. '산상訕上'은 자기보다 신분이 높은 사람을 비방하다.
② 질窒 : 막다, 막히다. 즉, 도리가 통하지 않음을 뜻한다.
③ 요徼 : 훔치다, 표절하다. 즉, 엿보아 살피는 것을 말한다.
④ 알訐 : 남의 비밀을 들추어내다.

　남의 허물을 떠들어 대는 것은 인후仁厚한 마음이 없음이며, 아랫사람
으로서 윗사람을 비방하는 것은 충실하고 겸손한 마음이 없음이며, 용감
하면서 무례한 것은 문화적인 수양이 없어서 마음이 어지럽다는 것을 나
타낸다. 과감하기만 하고 꽉 막힌 사람은 살인자보다 더 나쁜 사람이다.
가정에서는 가족들을 숨 막히게 하여 영혼을 병들게 하고, 기업이나 단체
에서는 구성원들을 질식시켜 희망과 생명력을 앗아간다. 정치 지도자는
더욱 심각하다. 건강한 여론을 차단시키며 사회 분위기를 위축시켜 혼란
을 불러일으키는데, 바로 단적으로 MB의 4대강 사업 집착증 같은 것이
다. 사회의 다른 여론을 무시하고 일방통행식 밀어붙이기 정치 행정은 군
사 쿠데타에 비유할 만큼의 악질적인 문화 폭거이다.
　자공 역시 나름의 의견을 피력한다. 자신의 편견을 내세우면서 스스로
지혜롭다고 생각하는 것을 미워하고, 예의가 없고 상스러우면서도 그것
을 용기 있는 것으로 생각하는 것을 미워하고, 그 말이 각박하고 야박하게
남을 비방하면서도 정직하고 진솔하다고 생각하는 것을 미워한다. 공자와
자공이 싫어하고 미워하는 사람은 예나 지금이나 좋아해서 친하게 지내기
힘든 사람이다.

군자는 측근들에게 좋은 자리를 나누어 주지 않는다

주공이 노공에게 말했다.

"군자는 좋은 자리 등을 자신의 측근들에게 나누어 주지 않으며, 써 주지 않는다고 대신들이 원망하게 하지 않으며, 오래 함께 일한 사람은 큰 잘못이 없다면 버리지 않으며, 한 사람이 모든 것을 다 갖추기를 바라지 않는다."

— 「양화」18.10

周公謂魯公曰 : 君子不施其親, 不使大臣怨乎不以. 故舊無大故, 則不棄也. 無求備於一人!

주공위노공왈 군자불시기친 불사대신원호불이 고구무대고 즉불기야 무구비어일인

 자해(字解)

① 주공周公 : 공자 마음속의 성인聖人. 노공魯公은 그의 아들 백금伯禽.

② 시施 : 베풀다, 나누어 주다.

③ 이以 : 쓰다, 사용하다, 임용하다.

④ 고구故舊 : 사귄 지 오래된 친구.

⑤ 대고大故 : '고故'는 일, 사건. '대고大故'는 큰 사고, 큰 잘못.

이 장은 주공周公이 그의 아들 백금伯禽이 노공魯公에 봉해졌을 때, 치국治國의 도리를 일깨워 주는 내용으로, 네 가지로 요약된다.

첫째, 지도자는 공과 사를 엄격히 구분하여 능력 있는 자를 등용해야 하며, 좋은 자리를 선심 쓰듯이 측근에게 나누어 주어서는 안 된다. 오직 국가와 사회를 위한 공익을 우선해야 함을 경계한 말이다.

둘째, 중책을 맡은 대신들을 신임하여 그들이 지혜와 재능을 충분히 발휘할 수 있도록 업무의 책임과 공간을 만들어 주어야지, 사전에 미리 업무의 경계선을 결정지어 놓고 대신들로 하여금 무조건 따르게 해서는 안 된다는 말이다. 그리하면 무리가 따르고 그에 따른 책임을 추궁당하며 끝내는 원성을 사게 된다.

셋째, 창업 공신들에 대해서 중대한 과실이 없으면 그들을 내치지 말아야 한다. 이 말은 마치 첫 번째 말과 모순되는 것 같지만 함축하고 있는 뜻이 다르다. 내치지 말라는 것은 벼슬자리를 주라는 것이 아니라, 인간적인 의리를 저버리고 그들의 공덕을 잊어서는 안 되며 인간적인 예우를 갖추라는 뜻이다.

넷째, 인재에 대하여 한 사람에게 모든 재주를 다 갖추기를 바라지 말라는 것이다. 완전한 사람은 없으며, 그들의 장점을 잘 활용하여 그들로 하여 장점으로 단점을 극복하게 하라는 뜻이다.

君子學 76講

군자는 보통 사람도 받아들이며 무능한 사람도 아낀다

자장이 말했다.

"군자는 현명한 사람을 존경하나 보통 사람도 포용하며, 훌륭한 사람을 칭송하지만 무능한 사람도 아낀다. 내가 크게 현명하다면 누가 받아들여 주지 않겠는가? 내가 현명하지 못하다면 남이 나를 거부할 것인데, 어떻게 남을 거부하겠는가?"

—「자장」19.3

子張曰 : 君子尊賢而容衆, 嘉善而矜不能. 我之大賢與, 於人何所不容?
자장왈 군자존현이용중 가선이긍불능 아지대현여 어인하소불용

我之不賢與, 人將拒我, 如之何其拒人也?
아지불현여 인장거아 여지하기거인야

자해(字解)

① 용容 : 받아들이다, 용납하다.
② 가嘉 : 기리다, 칭찬하다.
③ 긍矜 : 불쌍히 여기다, 아끼다.
④ 거拒 : 거부하다, 거절하다.

친구 사귀는 도리에 관한 말이다. 군자는 현명한 사람을 존경하여 가까이 하는 것이지만, 한편으로는 보통 사람들도 널리 포용해 주어야 한다. 훌륭한 사람을 칭송하고 본받을 것은 물론 능력이 부족한 사람도 버리지 않고 동정해 주어야 한다. 만일 내가 잘났다면 어떠한 사람과도 잘 어울릴 수 있겠지만, 만약 내가 현명하지 못하다면 다른 사람들이 먼저 나를 거부할 것인데, 어떻게 내가 다른 사람을 거부할 수가 있겠는가?

이 또한 인자애인仁者愛人의 정조에서 비롯되는 군자의 덕성을 의미한다. 남을 사랑하고 배려하는 마음은 공덕을 쌓고 선업善業을 닦는 일인 동시에 기독교에서 말하는 사랑이며 보편적인 인류애라 할 수 있다. 최근에 안철수 교수로 인해 논란이 되었던 V소사이어티 등은 재벌 2,3세와 벤처 기업인을 주축으로 그들만의 리그를 향유한다는 구설수에 올랐다. 물론 그들의 사회생활의 방식에 흠잡을 일은 없다. 하지만 그들이 생각했을 수도 있는 특권 의식과 귀족 놀이는 도덕군자와는 별개의 문화 정신이기 때문에, 군자의 개념에서는 비판의 대상이 될 수 있음을 적시하고자 한다.

가난하면 아첨하기 쉽고 부유하면 교만해지기 쉽다. 그러나 공자가 제시한 "가난하면서도 아첨하지 않고, 부유하면서도 교만하지 않는(貧而無諂, 富而無驕)" 경지에서, 백척간두 진일보하여 "가난하면서도 도를 즐기고, 부유하면서도 예를 좋아하는(貧而樂, 富而好禮)"의 경지는 아첨과 교만을 다스릴 수 있는 최고의 정신세계이다. 이제 우리 사회는 이러한 정신세계를 광고하고 홍보해야 할 때가 되지 않았을까?

군자는 대로행大路行이다

자하가 말했다.

"비록 작은 재주라 하더라도 반드시 볼 만한 것이 있을 것이나, 원대한 것을 이루는 데 구애될까 염려하여 군자는 그런 것을 하지 않는 것이다."

―「자장」19.4

子夏曰：雖小道, 必有可觀者焉. 致遠恐泥, 是以君子不爲也.
자하왈 수소도 필유가관자언 치원공니 시이군자불위야

자해(字解)

① 소도小道 : 조그만 기술, 각종 기예.
② 치원致遠 : '치致'는 이르다, 도달하다. '원遠'은 심오하다. '치원致遠'은 심오한 도에 이르다.
③ 공恐 : 두려워하다, 염려하다.
④ 니泥 : 막히다, 거리끼다, 구애되다.

학문과 인생 수양의 이치를 말한 것이다. 사람이 정신적인 목표를 원대한 곳에 두지 못하고, 작은 성과에 매달려 그것을 큰 학문으로 생각하면 수렁에 빠진 것처럼 헤어나지 못한다는 말이다. 그래서 군자는 작은 길을 가지 않고 '대로행大路行'하는 것이다.

그러나 원대한 군자의 도를 쫓으려 하면 자잘한 일에 구애되어 오히려 방해가 될 우려가 있으므로, 군자는 수양하고 도를 닦는 일에 마음을 쓸 뿐 작은 기술을 배우지 않는다는 뜻이다.

이명박 대통령은 젊은 시절 호떡 장사도 해보고 시장에서 청소도 해봤다고 자랑삼아 말하곤 하였는데, 국가를 경영함에 있어서 정도를 세우는 데는 실패했지 않나 싶다. 국가 지도자는 작은 기술을 익혔다는 게 중요한 것이 아니라, 정신문화의 측면에서 인의예지가 충만한 문화를 바로 세우는 것이 더욱 중요하다.

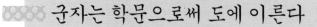

군자는 학문으로써 도에 이른다

자하가 말했다.

"모든 기술자는 일터에 있음으로써 그들의 일을 성취하고, 군자는 학문으로써 도에 이른다."

—「자장」19.7

子夏曰：百工居肆以成其事, 君子學以致其道.
자하왈 백공거사이성기사 군자학이치기도

자해(字解)

① 공工 : 장인. 백공百工은 모든 기능공, 기술자.
② 사肆 : 가게, 옛 관아의 일터.
③ 치致 : 이르다, 도달하다, 달성하다.

이 장은 배움으로써 도를 이루는 것을 기술자들을 들어 비유한 것이다. 기술자들이 그들의 일터에 있지 않고 다른 곳에 있으면 필요한 도구가 갖추어 있지 않으므로 자신들의 일을 완성할 수 없다. 마찬가지로 군자가 배우지 않고 학문을 게을리 하면 도를 밝힐 수 없음이니 도를 이루지 못하는 것이다. 이 말을 바꾸어 말하면, 군자가 학문을 통해서 도를 이루는 것만큼 기술자들은 그들의 일터에서 자신의 일을 완성하는 것이 똑같이 중요하다는 말로도 해석할 수 있다.

학문으로 어떻게 도를 이루는가? 앞에서도 언급했듯이 학문이란, 사람의 됨됨이가 훌륭하고 행위가 바른 것, 이것이 바로 학문이다. 학문은 문자도 지식도 아니며, 학문은 인생의 경험에서 우러나오는 것이며, 사람으로서 행동하고 일하는 과정에서 체험하는 것이다. 학문을 닦는다는 것은 책을 읽는 것에 그치지 않고, 언제 어디서나 생활하는 가운데 마주치는 모든 것이 학문인 것이다.

"나는 매일 세 가지로써 자신을 반성한다. 남을 위하여 일을 꾸미면서 성실하지 않았는가? 친구와 더불어 사귀면서 신의가 없지 않았는가? 전해 받은 것을 익히지 않았는가?"라고 반성하는 것이 학문이며, "젊은이들은 집에서는 효도하고, 밖에서는 공손하며, 삼가고 신의로우며, 널리 대중을 사랑하되 인덕仁德과 가까이 하는 것"이 학문이며, "가난하면서도 도道를 즐기고, 부유하면서도 예禮를 좋아하는 것"이 학문이며, "남이 자신을 알아주지 않는 것을 걱정하지 않고, 내가 남을 알지 못함을 걱정하는 것"이 학문이다.

사람이 진정으로 학문을 하게 되면 스스로를 반성하게 되고, 하늘을 원망하거나 남을 탓하는 생각이 없어진다. 이렇게 도를 이루는 것이 군자이다.

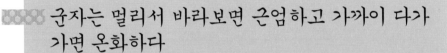

군자는 멀리서 바라보면 근엄하고 가까이 다가가면 온화하다

자하가 말했다.

"군자에게는 세 가지 변화가 있으니, 멀리서 바라보면 근엄하고, 가까이 다가가면 온화하며, 그 말을 들으면 엄정하다."

—「자장」19.9

子夏曰 : 君子有三變, 望之儼然, 卽之也溫, 聽其言也厲.
자하왈 군자유삼변 망지엄연 즉지야온 청기언아려

자해(字解)

① 엄연儼然 : '엄儼'은 근엄하다. '연然'은 형용어사로 사물을 형용하는 데 붙이는 조사. '엄연儼然'은 근엄한 모양을 형용한 말이다.

② 즉卽 : 가까이하다.

③ 온溫 : 부드럽다, 온화하다, 유순하다.

④ 려厲 : 엄하다, 엄정하다, 엄격하다.

군자에게 나타나 보이는 세 가지 변화는 바로 군자의 도덕과 학문과 수양이 이미 인덕仁德이 혼연일체가 된 경지에 이르렀음을 의미한다. 겉으로 드러나는 얼굴빛과 기품, 그리고 언어와 행동에서 그 수양의 깊이를 알 수 있다는 의미이기도 하다. 그리하여 멀리서 바라보면 군자의 용모는 장중하고 엄숙하며, 위엄이 있으며 예가 갖추어져 있어 사람들로 하여금 숙연히 존경의 염을 불러일으킨다. 그러나 눈앞에 가까이 다가가면 오히려 군자의 얼굴빛과 태도는 온화하여 친근감이 생기며, 인애仁愛의 정신이 충만함을 느낄 수 있다. 군자의 말씀 또한 엄정하고 정의로우며, 늠름하여 함부로 범접할 수 없는 기개가 흘러넘친다. '망지엄연(望之儼然)'은 예禮가 겉으로 우러난 모습이고, '즉지야온(卽之也溫)'은 인仁의 표상이며, '청기언야려(聽其言也厲)'는 의義의 발현이라 할 수 있다. 그러나 방관자의 눈에는 세 가지 변화된 모습으로 비치지만, 실제로는 변화하지 않았으며, 오히려 모든 것을 포괄한 군자의 독특한 모습이라 할 수 있다. 이러한 사람은 강자이며, 인자인 동시에 고도의 수양을 갖춘 신뢰할 수 있고 큰일을 맡길 수 있는 그야말로 군자의 형상인 것이다.

군자는 신임을 받은 후에 백성들을 부려야 한다

자하가 말했다. "군자는 신임을 받은 후에 백성들을 부려야 한다. 신임을 받지 못하면, 자기들을 괴롭힌다고 여긴다. 신임을 받은 후에 간해야 한다. 신임을 받지 못하면, 자기를 비방한다고 생각한다."

―「자장」19.10

子夏曰 : 君子信而後勞其民, 未信, 則以爲厲己也. 信而後諫, 未信, 則以爲謗己也.

자하왈 군자신이후노기민 미신 즉이위려기야 신이후간 미신 즉이위방기야

자해(字解)

① 로勞 : 일하다, 수고하다.
② 려기厲己 : '려厲'는 몹시 학대하다. '려기厲己'는 자기를 괴롭히다, 학대한다는 뜻.
③ 간諫 : 간하다는 의미는 임금 또는 웃어른에게 충언하는 것을 뜻함.
④ 방謗 : 헐뜯다, 비방하다.

자하는 임금이 백성들을 사역시키든, 신하가 임금에게 충언을 간하든지 간에 모두 신임을 기초로 해야 한다고 역설한다. 신임이 결여되면 바로 "자기를 못살게 한다.", "자기를 비방한다."라고 하는 반작용에 직면하게

된다. 이는 처세술의 경험적인 결론으로 의미 있는 말이다. 송宋나라에 한 부자가 있었는데, 하루는 비가 많이 내려 담이 흠뻑 젖었다. 그러자 아들이 말했다. "담을 수리하지 않으면 도둑이 들 것입니다." 이웃 사람도 그렇게 말했다. 밤이 되자 과연 도둑이 들어 많은 재물을 도둑맞았다. 부자는 자기 아들을 크게 칭찬한 반면, 이웃 사람을 의심했다. 이는 자기의 아들은 믿으면서 이웃 사람을 믿지 않았기 때문이었다. 우리 속담에도 "콩으로 메주를 쑨다고 해도 안 믿어." "팥으로 메주를 쑨다고 해도 믿지."라는 말이 말해 주듯이, 윗사람 앞에 나서서 충언을 간할 때는 그동안의 자기의 실력과 능력을 인정받고 신임을 득한 후에야 가능한 일이다. 그전에는 함부로 나서지 말고, 말을 아낄 것이다. 물론 아무리 옳은 말이라 해도, 의심이 많거나 남의 충언을 마이동풍으로 여기는 어리석은 사람, 말을 들을 준비가 안 된 사람에게는 말을 하지 않는 것이 현명한 선택이다.

군자는 기본 교육에 충실하다

자유가 말했다.

"자하의 문인 제자들은 물 뿌리고 쓸고 응대하고 드나들고 하는 데는 제법 이지만, 그건 말단의 일이다. 본질적인 일에는 보잘 것이 없으니 어찌하겠는가?"

자하가 이 말을 듣고서 말했다.

"아! 자유의 말은 잘못이다. 군자의 도에 무엇을 먼저 가르치고 무엇을 나중에 뒤로 돌려 게을리 하겠는가? 초목에 비유하면 종류에 따라서 구별된다. 군자의 도를 어찌 속일 수가 있겠는가? 처음이 있고 나중이 있는 것은, 오직 성인뿐일 것이다."

—「자장」19.12

子遊曰 : 子夏之門人小子, 當灑掃應對進退, 則可矣, 抑末也. 本之則無, 如之何? 子夏聞之,

자유왈 자하지문인소자 당쇄소응대진퇴 즉가의 억말야 본지즉무 여지하 자하문지

曰 : 噫! 言遊過矣! 君子之道, 孰先傳焉? 孰後倦焉? 譬諸草木, 區以別矣. 君子之道, 焉可誣也? 有始有卒者, 其惟聖人乎?

왈 희 언유과의 군자지도 숙선전언 숙후권언 비저초목 구이별의 군자지도 언가무야 유시유졸자 기유성인호

자해(字解)

① 쇄소灑掃 : 물을 뿌리고 비로 쓰는 일.

② 억抑 : 또한.

③ 숙孰 : 누구, 무엇, 어느.

④ 전傳 : 전하다.

⑤ 권倦 : 게으르다.

⑥ 무誣 : 속이다, 꾸미다.

교육 방법론에 관한 내용이다. 자유子遊가 자하子夏의 교육 방법에 대해 비평하자 자하가 다시 반박한 내용이다.

"자하의 학생들은 청소하고 사람 응대하고 나아가고 물러나는 일은 제법이지만, 그건 말단의 일이다. 본질적인 일에는 보잘 것이 없으니 어찌하겠는가?"

여기에서 '청소와 사람 응대, 그리고 나아가고 물러남'을 배우는 것은 옛사람의 기본 교육으로 생활 교육이자 인격 교육이다. 필자가 어렸을 때, 10세 전후였던 것으로 기억되는데, 당시 부친께서 아침에 일어나서 마당을 쓸지 않으면 아침밥을 먹지 못하게 하셨다. 그래서 제일 먼저 배운 것이 물 뿌리고 쓸고 하는 것이었다. 필자뿐만 아니라 6,70년대의 농어촌 아이들은 모두 그러했으리라 생각된다. 다음은 당연히 응대하는 것이었다. 손님이 찾아오면 인사드리고 집안 어른께 아뢰고 안내하는 일, 방 안에 들어가 큰절로 문안드리는 일, 새해가 되면 동네 어른께 세배歲拜 드리는 일 등이다. 나아가고 물러가는 일이란, 손님을 안내하고 눈치 보며 적당한 시점에 물러나는 것, 남의 집에 심부름 갈 때 그 집안의 분위기를 살펴 적절하다 싶을 때 말을 전하고 물러나는 것 등이다. 이런 것은 생활에서 자연스럽게 터득하는 기본 교육, 즉 생활교육인 것이다. 그리고 기본 교육이기 때문에 가장 중요한 교육이라 할 수 있다.

자유의 비평에 대해 자하가 반박하였다.

"군자가 사람에게 도를 가르치는 데는 차례가 있어서, 어느 것을 먼저 가르치고 어느 것을 나중에 가르쳐야 한다는 것은 없다. 스승이 된 자는 학생의 수준에 따라 교육을 실시해야지, 근본을 먼저하고 지엽적인 것을 나중에 하라는 고정된 법 또한 없다. 어린 학생에게는 청소하고, 응대하고, 나아가고 물러나는 일 등의 작은 예절부터 시작하여 순차적으로 교육해 나가는 것이 중요하다. 예컨대 초목으로 말하자면, 크고 작음과 종류에 따라 구별하여 심고 재배하는 것과 같은 이치이다. 이와 마찬가지로 교육도 사람의 바탕에 따라 반드시 구분하여 실시해야 한다. 스승이 된 자는 제자들이 잘 성장하기를 바라는데, 이를 위해서는 기본적인 교육이 가장 중요하다. 비록 말단의 것이라 하더라도 사람의 생활에 중요한 것이므로 잘 가르쳐야 하는데, 어찌 쓸모없다고 함부로 말할 수 있는가? 생활교육에서 더 나아가 정신교육의 최고점, 즉 도에 도달하게 하는 것은 우리가 해낼 수 있는 것이 아니다. 오직 성인聖人만이 할 수 있을 뿐이다."

오늘날 우리 사회의 교육의 풍토는 어떠한가? 아침에 일어나 자기의 방을 청소하게 하는가? 주위의 어른에게 인사드리고 문안을 여쭙게 하는가? 친척 집이든 친구 집이든 나아가고 물러나는 법을 가르치는가? 조기교육의 열풍 속에 사람으로서의 기본적인 도리를 가르치지 않으면서 동네 학원을 순회하게 만드는 것은 다시 생각해 볼 문제이다.

현재 우리 사회가 극심한 혼란을 겪는 원인 중 하나가 기본적인 생활교육의 부재이다. 기본에 충실하다는 것은 그만큼 건강하고 단단하다는 뜻이다. 기본 교육에 충실할 때이다.

군자는 은혜로우면서 낭비하지 않는다

자공이 공자에게 물었다. "어떻게 해야 정치에 종사할 수 있습니까?"

공자께서 말씀하셨다. "다섯 가지 미덕을 존중하고, 네 가지 악덕을 물리치친다면 정치에 종사할 수 있다."

자장이 말했다. "무엇을 다섯 가지 미덕이라 합니까?"

공자께서 말씀하셨다. "군자는 은혜로우면서 낭비하지 않고, 힘든 일을 시키면서 원망을 사지 않고, 원하기는 하나 탐내지 않고, 태연하나 교만하지 않고, 위엄이 있으나 사납지 않은 것이다."

자장이 말했다. "무엇이 은혜로우면서 낭비하지 않는 것입니까?"

공자께서 말씀하셨다. "국민의 이익을 따라 이롭게 하면, 이 또한 은혜로우면서 낭비하지 않는 것이 아니겠는가? 힘든 일을 시킬 만한 사람을 택해서 힘든 일을 시킨다면 또 누가 원망하겠느냐? 인을 원해서 인을 얻는다면 또 어찌 탐내겠느냐? 군자는 사람이 많건 적건, 크건 작건 감히 소홀히 하지 않으니, 이 또한 태연하나 교만하지 않은 것이 아니겠느냐? 군자는 의관을 바로 하고, 보는 것을 위엄이 있게 하여, 그 엄연함이 사람들이 바라보면 두려워지게 되니, 이 또한 위엄이 있으면서도 사납지 않은 것이 아니겠느냐?"

자장이 말했다. "무엇을 네 가지 악덕이라 합니까?"

공자께서 말씀하셨다. "가르치지 않고서 죽이는 것을 잔학하다 하고, 경계하지 않고서 완성을 재촉하는 것을 난폭하다 하고, 명령을 태만히 해놓고서 완성 시기를 다그치는 것을 도적질한다 하고, 사람들에게 나누어 줄 것을 내고 들이는 데 인색한 것을 창고지기와 같다고 하는 것이다."

—「요왈」20.2

子張問於孔子曰：何如斯可以從政矣？子曰：尊五美, 屛四惡, 斯可以從政矣.
자장문어공자왈 하여사가이종정의 자왈 존오미 병사악 사가이종정의

子張曰：何謂五美？子曰：君子惠而不費, 勞而不怨, 欲而不貪, 泰而不驕, 威而不猛.
자장왈 하위오미 자왈 군자혜이불비 노이불원 욕이불탐 태이불교 위이불맹

子張曰：何謂惠而不費？子曰：因民之所利而利之, 斯不亦惠而不費乎？
자장왈 하위혜이불비 자왈 인민지소리이리지 사불역혜이불비호

擇可勞而勞之, 又誰怨？欲仁而得仁, 又焉貪？君子無衆寡, 無小大, 無敢慢, 斯不亦泰而不驕乎？
택가로이로지 우수원 욕인이득인 우언탐 군자무중과 무소대 무감만 사불역태이불교호

君子正其衣冠, 尊其瞻視, 儼然人望而畏之, 斯不亦威而不猛乎？
子張曰：何謂四惡？
군자정기의관 존기첨시 엄연인망이외지 사불역위이불맹호 자장왈 하위사악

子曰：不敎而殺謂之虐. 不戒視成謂之暴. 慢令致期謂之賊. 猶之與人也, 出納之吝, 謂之有司.
자왈 불교이살위지학 불계시성위지폭 만령치기위지적 유지여인야 출납지린 위지유사

① 사斯 : 첫째, 둘째 '사斯'는 '바로, 곧'이라는 '취就'의 뜻이며, 셋째부터는 '이것'이라는 '차此', '시是'의 뜻이다.
② 병屛 : 물리치다, 제거하다.
③ 욕欲 : 인仁과 의義를 행하다, 추구하다.
④ 만慢 : 업신여기다, 경시하다, 모멸하다.
⑤ 첨시瞻視 : 보다, 우러러보다, 바라보다.
⑥ 시성視成 : 바로 눈앞의 성공만을 보려고 하는 것.
⑦ 치기致期 : 기한을 두고 이루어 내도록 몰아세우는 것.

공자와 자장의 이 대화는 위정자의 치국에 대한 공자의 주장과 견해를 밝힌 것이다. 공자는 위정자가 인정을 펼쳐 국민들에게 선정을 베풀면 국민들도 위정자를 진정으로 옹호하고 그럼으로써 그들의 정권을 보존하여야 한다고 주장했다. 이들의 대화에서 언급된 공자의 치국 방침은, 선택적으로 국민들을 부리며 법을 강구하여 국민들에게 좋은 정책을 시행하고 스스로 절제하며 지나친 탐욕을 자제하라는 것이다. 정치·경제정책을 추진할 때, 어느 한쪽 편을 들지 말며 국민들이 자신을 존중하게 하려면 스스로 행위를 단정하게 하여야 한다. 권력을 이용하여 국민을 능욕하고 기만하지 말 것이며, 두려움을 갖게 해서도 안 된다. 국민이 믿음으로 승복하게 해야 함을 강조했다. 이 장에서는 또한 위정자가 해서는 안 되는 네 가지 사항을 언급했으니, 오늘날에도 정치하는 사람과 공무원들을 훈계하는 데 있어서 가장 적절한 말이기도 하다.

君子學 83講

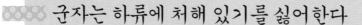

군자는 하류에 처해 있기를 싫어한다

자공이 말했다. "주紂는 악행이 그렇게 심하지는 않았다. 그래서 군자는 하류에 처해 있기를 싫어하는 것이다. 천하의 악惡이 모두 그에게로 돌아가기 때문이다."

— 「자장」19.20

子貢曰 : 紂之不善, 不如是之甚也. 是以君子惡居下流, 天下之惡 皆歸焉.
자공왈 주지불선 불여시지심야 시이군자오거하류 천하지악개귀언

자해(字解)

① 주紂 : 중국 고대 은殷왕조 최후의 왕으로 하夏의 걸왕桀王과 함께 걸주桀紂로 병칭되는 악덕천 자惡德天子의 대표적 존재.
② 하류下流 : 땅이 낮아 모든 물이 고이는 곳.

이것은 자공이 주紂[14]를 편들어 한 말이 아니라, 군자의 처신을 경계한

---

14) 중국 고대 은殷왕조 최후의 왕으로 하夏의 걸왕桀王과 함께 걸주桀紂로 병칭되는 악덕천자惡德天子의 대표적 존재이다. 본명은 제신帝辛 또는 수受이고, 주紂는 무도한 군주에게 주어진 시호이다. 『사기』에 따르면 주왕은 변설을 잘하고 힘도 세며 미녀와 음악을 즐겼다고 한다. 궁전과 정원을 호화롭게 장식하고 주

말이다. 주나라 무왕武王이 은殷의 주왕紂王을 뒤엎고 주나라를 세운 것은 주왕이 포학했기 때문이다. 지도자가 비열하고 나쁜 일을 하면 천하의 잘못이 모두 그에게 돌아가는 이치를 말한 것이다. 자공은 주왕이 나쁘긴 하지만, 후세에서 말하는 것만큼 나쁘지는 않았다고 말한 것이다. 역대 대통령 측근들이 줄줄이 비리에 연루되어 감옥을 가면, 결국 그 원죄는 대통령이 뒤집어쓰게 되어 있는 것이다. 측근들이 마음 놓고 비리를 저지른 것은 대통령이 원칙과 룰을 존중하는 철학이 없고 소신이 약하여 방임하고 묵인하기 때문이다.

자식이 사회적으로 성공하면 부모가 칭송받고, 자식이 잘못하면 역시 부모가 지탄을 받는 이치와 같은 것이다. 군자의 처신은 자식 교육에 있어서도 그 책임이 막중하다고 하겠다. 왜냐하면 가정에 있어서는 하류에 처해 있기 때문이다.

지육림 속에서 달기妲己에게 매혹되어 충신들의 간언을 듣지 않고 간사한 무리들을 가까이 하였다. 그리하여 주왕과 달기는 구리기둥에 기름을 발라 숯불 위에 걸쳐 놓고 죄인으로 하여금 그 위를 걷게 하여 미끄러져서 타 죽게 하는 포락炮烙의 형을 구경하면서 웃고 즐겼다고 한다. 충신 비간比干이 죽음을 당한 일도 달기의 교사 때문이라고 한다. 조세와 형벌을 가혹하게 하여 백성들은 도탄에 빠졌고, 민심과 제후들의 마음은 은 왕조를 이탈하여 당시 선정을 베풀어 한창 융성하고 있던 주의 문왕文王에게로 쏠렸다. 은나라가 동이東夷의 정벌에 힘을 쏟고 있을 때 그 기회를 틈타 B.C 1100년경 문왕의 아들 무왕武王은 제후들과 군사를 일으켜 은 왕조를 멸망시켰다.

군자의 허물은 모두가 보게 되며, 고치면 모두가 우러러 본다

자공이 말했다.

"군자의 허물은 일식과 월식과 같다. 잘못을 저지르면 사람들이 모두 보게 되고, 고치면 사람들이 모두 우러러본다."

—「자장」19.21

子貢曰 : 君子之過也, 如日月之食焉. 過也, 人皆見之. 更也, 人皆仰之.

자공왈 군자지과야 여일월지식언 과야 인개견지 경야 인개앙지

자해(字解)

① 일월지식 日月之食 : 일식 日食과 월식 月食.
② 앙仰 : 우러러보다.

설령 인덕이 높은 군자라 하더라도 잘못을 저지를 때가 있는 법이다. 그러나 자의적인 것이 아니고 도덕 수양이 깊어 그 마음이 광명정대하다면, 잘못을 두려워하거나 숨기거나 꾸미어 변명하지 않는다. 아무런 거리

낌 없이 솔직담백하게 자기의 잘못을 인정하고 용감히 자기의 잘못을 공개하고 고친다. 이렇게 한다고 해서 위신과 존엄성이 손상되지도 않는다. 반대로 진실을 말할 수 있는 용기와 잘못을 고쳐 나가는 용기에 사람들의 존경을 받는다. 왜냐하면 사람들은 모두 군자를 흠모하기 때문이다. 자공 子貢의 이 말은 잘못을 범하고 나서 체면이 손상될까 위신을 잃을까 염려하여 자신의 잘못을 숨기거나 교묘하게 변명하려 들지 말 것을 경계한 말이기도 하다. 용감히 자신의 잘못을 인정하고 성실히 잘못을 고쳐 나가는 것이 바른 자세이다.

君子學 85講

군자는 한마디 말에서 지혜와 학문이 드러난다

진자금이 자공에게 말했다. "당신의 수양이 공손한데, 공자가 어찌 당신보다 현명하다 하겠습니까?"

자공이 말했다.

"군자는 한마디 말로 지혜롭다고 여겨지기도 하고, 한마디 말로 지혜롭지 않다고 여겨지기도 하는 것이니, 말을 신중하지 않으면 안 된다. 내가 선생님께 미칠 수 없는 것은 마치 계단을 밟고 하늘에 올라갈 수 없는 것과 같네. 선생님께서 나라를 맡아 다스린다면, 그야말로 세우면 서고, 이끌면 따라가고, 편안하게 하면 따라오고, 격려해 주면 화목하게 될 것이다. 살아서는 영광이요, 돌아가시면 슬플 것이니, 어떻게 그분에게 미칠 수 있겠는가!"

―「자장」19.25

陳子禽謂子貢曰 : 子爲恭也, 仲尼豈賢於子乎? 子貢曰 : 君子一言以爲知, 一言以爲不知, 言不可不愼也. 夫子之不可及也,
진자금위자공왈 자위공야 중니기현어자호 자공왈 군자일언이위지 일언이위불지 언불가불신야 부자지불가급야

猶天之不可階而升也. 夫子之得邦家者, 所謂立之斯立, 道之斯行, 綏之斯來, 動之斯和. 其生也榮, 其死也哀, 如之何其可及也!
유천지불가계이승야 부자지득방가자 소위립지사립 도지사행 수지사래 동지사화 기생야영 기사야애 여지하기가급야

① 진자금陳子禽 : 이름은 항亢, 공자의 제자. 자공의 제자라고도 함.

② 지知 : 지혜롭다.

③ 신愼 : 삼가다, (몸가짐이나 언행을)조심하다.

④ 유猶 : 같다. 또

⑤ 도道 : 이끌다, 인도하다. '도導'와 통용.

⑥ 득방가자得邦家者 : 나라와 집을 얻는다면, 즉 제후나 경대부가 되어서 정치를 한다면.

⑦ 수綏 : 편안하다.

⑧ 동動 : '고무하다'는 뜻이다.

　　진자금陳子禽은 공자의 제자인데, 자공과의 대화에서 자공의 심신 수양이 공손恭遜한 것이 공자보다 더 현명하다고 추켜세웠다. 그러자 자공은 이렇게 말했다. "사람의 말이란 매우 중요하니, 한마디 말에서 자네의 지혜와 학문이 드러난다네. 그러므로 말에 각별히 주의해서 함부로 말을 해서는 안 되네."

　　이어서 자공은 공자의 위대함을 설명했다. "선생님의 학문은 너무나 훌륭해서 우리가 사다리를 타고 하늘에 올라갈 수 없는 것처럼 도저히 그분의 경지를 따라갈 수 없다네. 훌륭한 지도자는 도덕을 기본 바탕으로 삼아야 한다. 선생님께서 천하의 정치를 맡아서 다스린다면, 백성들을 예로써 바로 서게 해주고, 백성들을 교화하여 인도하려고 하면 곧 따를 것이며, 백성들을 편안하게 해주면 곧 먼 곳의 사람들까지도 추종하여 따라올 것이며, 백성들을 격려하고 북돋아주면 곧 화락하게 될 것이다. 그래서 살아계시면 백성들이 영광으로 여기고, 그분이 돌아가시게 되면 마치 부모를 잃은 것처럼 슬퍼할 것이다. 이처럼 훌륭하신 분인데, 어떻게 그분에게 미칠 수가 있겠는가?!" 죽은 뒤에 "세상 사람들이 슬퍼할 것이다.(其死也哀)"는 말로 자공은 스승을 향한 깊은 정과 존경의 염을 고백하고 있다.

천명을 모르면 군자가 될 수 없다

공자께서 말씀하셨다.

"천명天命을 모르면 군자가 될 수 없으며, 예禮를 모르면 바로 설 수 없으며, 남의 말을 이해하지 못하면 사람을 알 수 없느니라."

— 「요왈」20.3

子曰 : 不知命, 無以爲君子也. 不知禮, 無以立也. 不知言, 無以知人也.

자왈 부지명 무이위군자야 부지례 무이립야 부지언 무이지인야

자해(字解)

① 지언知言 : 남의 말을 분석하여 시비와 선악을 분별하는 것을 의미한다.

'명을 아는 것(知命)'은 군자의 조건이요, '예를 아는 것(知禮)'는 입신의 근본이며, '말을 아는 것知言'은 사람을 판별하는 필수 조건이다. 이 세 가지는 학문과 인간의 도리와 정치에 종사하는 큰 기틀이기도 하다.

'명을 아는 것(知命)'이란, 인간의 운명을 말함이다. 인생의 모든 도의道義와 직책에 대하여 마땅히 해야 하는 일을 하는 것이며, 의롭지 않은 일을

결코 하지 않는 것을 의미한다. 군자는 학문과 수양이 깊어지면 스스로의 운명을 예감할 수 있다. 그래서 해야 할 일과 해서는 안 되는 일을 구분하고, 나아가고 물러날 때를 아는 것이다. 그래서 앞에서도 언급했듯이 군자는 나이 오십에 하늘이 부여한 숙명과 사명을 인식하고(伍十而知天命), 스스로의 한계를 가늠할 줄 알아야 한다.

'예를 아는 것(知禮)'은, 예로써 공손·검약·성실·믿음을 가르치는, 바로 입신의 근본이다. 예를 아는 사람은 세상에 우뚝 서서 존경을 받고, 무례한 자는 업신여김을 받는다. 사람으로 태어나 예를 모르면 사람으로서의 존엄성을 잃는다는 뜻이다.

'말을 아는 것(知言)'은, 다른 사람의 말 가운데 담긴 뜻을 알아듣고 시비是非와 곡직曲直, 선악善惡을 분별하는 것을 말하며, 그로 인해 그 사람의 됨됨이를 알 수 있음을 의미한다. 군자가 능히 명을 알고(知命), 예를 알고(知禮), 말을 알면(知言) 평소의 언행이 저절로 도의道義에 부합하며, 이것이 누적되면 자연히 호연지기浩然之氣가 우러나는 진정한 군자의 풍모를 지니게 될 것이다.

군자와 소인의 비교 품평 설문지—자가진단표 〔읽은 후〕

	내용	군자	소인
1	군자는 단결하되 결탁하지 않고, 소인은 결탁하되 단결하지 못한다. 「위정」2.14		
2	군자는 덕을 생각하나 소인은 땅(토지 같은 재부)을 생각한다. 군자는 법을 생각하나 소인은 혜택만을 생각한다. 「이인」4.11		
3	군자는 의리에 밝고, 소인은 이익에 밝다. 「이인」4.16		
4	너는 군자다운 선비가 되어야지, 소인적인 선비가 되어서는 아니 된다. 「옹야」6.13		
5	군자의 마음은 평탄하고 너그러우며, 소인의 마음은 항상 근심이 가득하다. 「술이」7.37		
6	군자는 남의 좋은 일은 이루게 하고, 남의 나쁜 일은 이루지 못하게 한다. 소인은 이와 반대이다. 「안연」12.16		
7	군자의 덕은 바람이요, 소인의 덕은 풀입니다. 풀에 바람이 불면, 풀은 반드시 바람을 따르게 마련입니다. 「안연」12.19		
8	군자는 화합하되 뇌동하지 않고, 소인은 뇌동하되 화합하지 않는다. 「자로」13.23		
9	군자는 섬기기는 쉬우나 기쁘게 하기는 어렵다! 기쁘게 하는데 정도로써 하지 않으면 기뻐하지 않는다. 군자는 사람을 부릴 때 그릇에 맞게 쓴다. 소인은 섬기기는 어려우나 기쁘게 하기는 쉽다. 기쁘게 하는데 비록 정도로써 하지 않아도 기뻐한다. 소인은 사람을 부릴 때 모든 것을 다 갖추고 있기를 바란다. 「자로」13.25		

	내용	군자	소인
10	군자는 태연하나 교만하지 않고, 소인은 교만하나 태연하지 않다. 「자로」13.26		
11	군자로서 인하지 못한 사람은 있을 수 있지만, 소인으로서 인한 사람은 없다. 「헌문」14.6		
12	군자는 위로 통달하고(이성에 따르고), 소인은 아래로 통달한다(현실에 따른다). 「헌문」14.23		
13	군자는 궁함을 견딜 수 있지만, 소인은 궁해지면 함부로 행동한다. 「위영공」15.2		
14	군자는 자신에게서 구하고, 소인은 남에게서 구한다. 「위영공」15.21		
15	군자는 작은 일은 몰라도 큰일은 맡을 수 있고, 소인은 큰일은 맡을 수 없어도 작은 일은 잘 안다. 「위영공」15.34		
16	군자가 두려워할 일이 셋 있으니, 천명을 두려워해야 하고, 대인을 두려워해야 하고, 성인의 말씀을 두려워해야 한다. 소인은 천명을 알지 못하기 때문에 두려워하지 않고, 대인을 대수롭지 않게 여기며, 성인의 말씀을 업신여긴다. 「계씨」16.8		
17	군자가 도를 배우면 사람들을 사랑하게 되고, 소인이 도를 배우면 부리기 쉽다. 「양화」17.4		
18	군자가 용기만 있고 의로움이 없으면 난동을 부리고, 소인이 용기만 있고 의로움이 없으면 도둑질을 한다. 「양화」17.23		
	계		

* 메일을 통한 통계조사를 실시하오니 독자 여러분들의 〔읽기 전〕과 〔읽은 후〕의 변화된 결과를 회신 부탁드립니다. 〔tianxia38@hanmail.net〕

◈◈◈◈ 참고문헌 ◈◈◈◈

郭齊勇, 「孔孟儒學的人格境界論」, 『華中師範大學學報(人文社會科學版)』제39권 제6
　　기, 2000. 11.

金秉岠, 「『論語』與『孟子』之君子槪念硏究」, 『國際中國學硏究』제8집, 2005. 12.

金錫源, 『論語』, 서울, 惠園出版社, 1996.

南懷瑾 지음, 송찬문 옮김, 『논어강의』, 서울, 씨앗을 뿌리는 사람, 2002.

南懷瑾, 『論語別裁』, 上海, 夏旦大學出版社, 2011.

來可泓, 『論語直解』, 上海, 夏旦大學出版社, 1996.

박미라, 「중국 유교의 이상 인간형 ― 聖人과 君子를 중심으로 ―」, 『종교와 문화』7,
　　2001. 6.

박성규, 『공자『論語』』, 서울대학교 철학사상연구소, 2005.

박용조, 「사제의 이상적 인간상으로서 『論語』의 君子」, 『가톨릭사상』제24호, 2001.

謝度珍, 『論語新解』, 蘭州大學出版社, 1993.

常佩雨 金小娟, 「『論語』中的君子人格內涵探析」, 『船山學刊』2010년 제3기.

徐柏靑, 「君子─孔子對理想人格的追求」, 『贛南師範學院學報』2001년 제5기.

徐志祥, 『論語名句賞析』, 北京, 紅旗出版社, 1993.

楊伯峻, 『論語譯注』, 北京, 中華書局, 1980.

楊曉君, 「略論孔子君子人格思想」, 『大連海事大學學報(社會科學版)』제7권 제1기,
　　2008. 2.

姚式川, 『論語體認』, 上海, 學林出版社, 1999.

이경무, 「君子와 공자의 이상적 인간상」, 『동서철학연구』제54호, 2009. 12.

李俊熙, 『논어이야기』, 서울, 제이앤씨, 2005.

李俊熙, 「『論語』에서의 군자의 인격 경계」, 『中國文學硏究』제44집, 2011. 8.

張 樂, 「"君子之道"之今鑑」, 『鄭州航空工業管理學院學報(社會科學版)』제29권 제6

기, 2010. 12.

張科楊, 「『論語』君子觀探析」, 『西南農業大學學報(社會科學版)』제7권 제1기, 2009. 2.

張世浩, 「유가의 인간관」, 『중국학보』제52집, 2005. 12.

程碧英, 「『論語』"君子"詞義辨析」, 『中華文化論壇』2010년 제1기.

周佳峰, 「孔子的"君子"人格理論探析」, 『長春理工大學學報(社會科學版)』제20권 제6
기, 2007. 11.

黃玉順, 「孔子之精神境界論」, 『孔子研究』2002년 제4기.

H. G. 크릴 지음, 이성규 역, 『공자 – 인간과 신화』, 서울, 지식산업사, 2007.

군자 정치·군자 경영을 위하여
공자의 논어 군자학

초판 1쇄 발행일 2012년 11월 6일

지은이 이준희
펴낸이 박영희
편집 이은혜·정민혜·신지항
인쇄·제본 AP프린팅
펴낸곳 도서출판 어문학사
　　　서울특별시 도봉구 쌍문동 523-21 나너울 카운티 1층
　　　대표전화: 02-998-0094/편집부1: 02-998-2267, 편집부2: 02-998-2269
　　　홈페이지: www.amhbook.com
　　　트위터: @with_amhbook
　　　블로그: 네이버 http://blog.naver.com/amhbook
　　　　　　다음 http://blog.daum.net/amhbook
　　　e-mail: am@amhbook.com
　　　등록: 2004년 4월 6일 제7-276호

ISBN 978-89-6184-281-5 93150
정가 16,000원

이 도서의 국립중앙도서관 출판시도서목록(CIP)은 e-CIP홈페이지(http://www.nl.go.kr/ecip)와
국가자료공동목록시스템(http://www.nl.go.kr/kolisnet)에서 이용하실 수 있습니다.
(CIP제어번호: CIP2012004562)